schmoren.
In dieser Zeit den
Reis aufsetzen
Die Champignons
in Scheiben
portionsweise

bofrost

Das Kochbuch

bofrost

Die besten Rezepte unserer Kunden

Das Kochbuch

Über 200 köstliche Rezeptideen

geschlagene Sahne
Kerbel
weißer Pfeffer

Inhaltsverzeichnis

Titelbild: Gemüsehühnchen „Toskana", Seite 197

Liebe Leserinnen, liebe Leser,

„Kochrezepte aus der Praxis" – unter dieses Motto haben wir unser neues Kochbuch gestellt.

Wir wollten kein Buch veröffentlichen, das wunderschön zu lesen und bebildert ist, dessen Rezepte aber dann in der täglichen oder feiertäglichen Kochpraxis am heimischen Herd nicht umgesetzt werden können – weil sie zu aufwändig sind und weil sie zu lange Vor- und Zubereitungszeiten benötigen.

Die Idee, die hinter diesem Rezeptbuch steht, ist eine ganz andere: Alle Rezepte stammen aus der Praxis. Sie sind eingesandt von Frauen und Männern, die nicht nur begeistert kochen, sondern ihre Lieblingsrezepte auch gern weitergegeben haben. Und die wissen, dass Kochen zwar schön ist, aber nicht unnötig lange Zeit in Anspruch nehmen sollte.
Zeitsparend und trotzdem gut und gelungen kochen – das ist die eine Maxime, nach der die Rezepte aus einem Kundenwettbewerb ausgewählt worden sind.

Die andere Maxime ist, dass alle verwendeten Lebensmittel möglichst frisch auf den Tisch kommen – da bietet sich Tiefkühlkost natürlich wie von selbst an, zumal sie auch besonders zeitsparend ist.
Und das dritte Auswahlkriterium war ebenso entscheidend: Nachkochbar und lecker müssten die Rezepte sein und die Zutaten sollte man leicht einkaufen können. Um all diesen Voraussetzungen umfassend gerecht zu werden, haben wir alle ausgewählten Rezepte sowohl von Hausfrauen als auch von unseren Köchen nachkochen lassen. Am Ende, das ist klar, hat der Gaumen entschieden. Dass es uns schwer gefallen ist, aus vielen Tausenden Einsendungen „nur" 225 auszuwählen, brauche ich ganz sicher nicht zu betonen.

Mit diesem Kochbuch kommen wir dem Wunsch vieler unserer Kunden entgegen, die uns immer wieder nach ausgefallenen, schnell zuzubereitenden und gleichzeitig „frischen" Rezepten fragen. Wir würden uns wünschen, dass wir über diesen Kreis hinaus aber auch den Koch-Nerv vieler weiterer Frauen und Männer treffen, die sich gern mit der Zubereitung von Mahlzeiten beschäftigen.

Die vorliegende Zusammenstellung raffinierter Rezepte aus der Praxis hält für jeden eine Menge anregender Ideen und hilfreicher Tipps bereit: Rezepte mit qualitativ hochwertigen und frischen Lebensmitteln, gewürzt mit einer Prise Fantasie – da läuft einem schon beim Durchblättern des Buchs das Wasser im Munde zusammen. Sie machen aber vor allem Lust, sie selbst auszuprobieren – und nach eigenem Geschmack zu verfeinern oder weiter zu entwickeln.

Freuen Sie sich also auf originelle Vorspeisen, raffinierte Hauptgerichte und verführerische Desserts, die Sie selbst ohne großen Aufwand schnell zubereiten, um anschließend Ihre Familie und Freunde damit beeindrucken zu können.

Ich wünsche Ihnen viel Freude beim Nachkochen und „Guten Appetit".

Herzlichst

Ihre

Birgit Oeser

bofrost* Kochbuch-Redaktion

Die sagenhafte Erfolgsgeschichte von bofrost*

Vom ersten Eiswagen bis zur Marktführerschaft im Direktvertrieb von Tiefkühlkost und Eis

Entwicklung des bofrost*Markenzeichens

Im Jahr 1966 hatte ein junger Unternehmer mit ausgeprägtem Pioniergeist eine Vision: Warum nicht den Kunden tiefgekühlte Lebensmittel ohne Unterbrechung der Tiefkühlkette direkt ins Haus liefern? Aus dieser Vision entstand die Idee und das Erfolgskonzept zum europaweit größten Anbieter im Direktvertrieb von Tiefkühlspezialitäten und Eiskrem direkt ins Haus. Sein Name: Josef H. Boquoi. Sein Unternehmen: bofrost*

Bereits 1954 begann Josef H. Boquoi damit, zu den Bauernhöfen in der Umgebung zu fahren und sie direkt mit den Waren aus dem Lebensmittelhandel seines Vaters zu beliefern. Schon bald waren es rund 500 Kunden, die Josef H. Boquoi jeweils zweimal im Jahr besuchte. „Ich verkaufte halt sehr gute Produkte", erinnert er sich an die Anfänge seiner Laufbahn. 1957 übernahm er das Unternehmen seines Vaters und begann, neue Geschäftsfelder zu erschließen, indem er das Produktsortiment erweiterte. Josef H. Boquoi: „Die Zeiten hatten sich geändert und mit ihnen die Essgewohnheiten meiner Kunden." Als er dann neun Jahre später eher zufällig das erste industriell hergestellte Speiseeis probierte, war er davon überzeugt, dass auch dieses Produkt viele Abnehmer finden werde. Und er hatte sich nicht getäuscht: 100 Liter der neuen Eiskrem verkaufte er allein am ersten Tag.

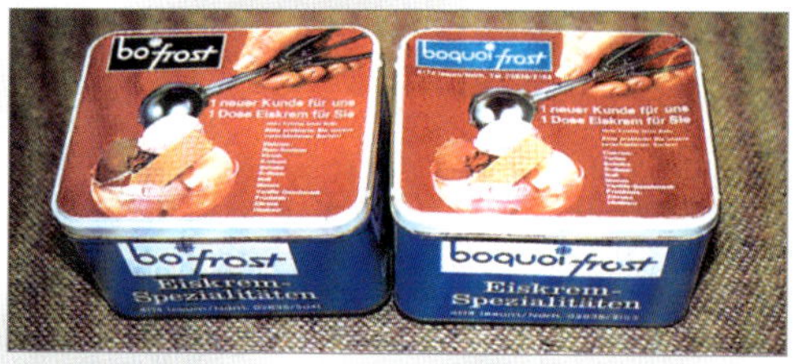

Erste bofrost*Eisdosen aus Blech

Schon kurze Zeit später erweiterte er sein Lieferprogramm um weitere Produkte wie Fisch und einige Gemüsesorten – schockgefrostet.

Für den Transport wurden die schockgefrosteten Waren zunächst mit Trockeneis gekühlt, bis Josef H. Boquoi 1969 in einen Spezial-Tiefkühltransporter mit eigenem Kühlaggregat investierte - einen VW-Bus, der die Aufschrift „boquoi-frost" trug. Die Testphase hatte gezeigt, dass Josef H. Boquoi mit seiner Idee, Tiefkühlkost durch eine geschlossene Produktions- und Trans-

INFORMATIONSBROSCHÜRE

boquoi-frost bringt Eiskrem und Tiefkühlkost
. . . . für rechnende Verbraucher

boquoi-frost
Josef Boquoi Gelderland-Lebensmittel-Großhandel

Erste Informationsbroschüre

portkette ohne Antauen und damit ohne Qualitätsverlust direkt ins Haus zu liefern, eine Marktlücke entdeckt hatte.

Kundenbelieferung aus der Frühzeit (1970)

Die Werbung für das Unternehmen übernahmen die Kunden selbst, indem sie es, von Qualität und Service überzeugt, weiterempfahlen. So expandierte bofrost* – wie das Unternehmen seit 1971 heißt – in Rekordzeit und belieferte 1975 bereits 25.000 Haushalte. Auch die Zahl der Mitarbeiter wuchs stetig: „Aus meinem Zweimannbetrieb war inzwischen ein Unternehmen mit einer 50-köpfigen Belegschaft geworden", so Josef H. Boquoi in der Rückschau.

Mitte der 70-er Jahre kam für den bofrost* Gründer die Zeit, sich nach einem neuen Standort für sein Unternehmen umzuschauen. „Fündig wurde ich in der Stadt Straelen, inmitten der Natur am Niederrhein, 20 Kilometer vom ehemaligen Standort Issum entfernt." Bereits 1977 war die neue Unternehmenszentrale fertiggestellt.

Tiefkühllager in Straelen

Mitte der 80-er Jahre konnten die Kunden bereits zwischen 275 Produkten wählen, alle von hervorragender Qualität. Denn bofrost* arbeitete von Beginn an ausschließlich mit den besten Erzeugern und sorgfältigsten Produzenten zusammen. Eine Strategie, die sich auszahlte, denn nach nur 18 Jahren übernahm bofrost* 1987 die Marktführerschaft im Direktvertrieb von Tiefkühlkost und Eiskrem. Doch der Erfolg beschränkte sich nicht nur auf Deutschland.

In 37 Jahren wurde aus bofrost* der europaweit größte Anbieter im Direktvertrieb von Tiefkühl-Spezialitäten und Eiskrem mit über 9.000 Mitarbeitern und 239 Niederlassungen in 12 europäischen Ländern.

Lieferservice heute

Frische - Qualität - Kontrolle

Frische mit Garantie

Für eine ausgewogene und gesunde Ernährung sind frische Zutaten das A und O. Das weiß jeder, der gerne kocht. Doch wo kauft man Frische ein? Die erste Adresse ist häufig der Bauer auf dem Wochenmarkt. Dabei wird oft vergessen, dass marktfrische Produkte im besten Fall am Vortag geerntet werden. Mit jedem Tag ungekühlter Lagerung verlieren sie wertvolle Nährstoffe. Ein Beispiel: Spinat hat nach drei Tagen bei + 20 °C nur noch 20 Prozent seines Vitamin C.

Bei bofrost* werden die Lebensmittel in der Regel zwei Stunden nach der Ernte oder dem Fang auf hoher See bei bis zu - 70 °C schockgefroren. Von da an bis zur Lieferung in die heimische Truhe liegt die Temperatur der Tiefkühlkette ununterbrochen bei unter - 18 °C. Das ist die bofrost*Frische-Garantie. Um beim Beispiel Spinat zu bleiben: Er behält auch nach sieben Monaten im natürlichen Kälteschlaf noch 80 Prozent seiner Vitamine.

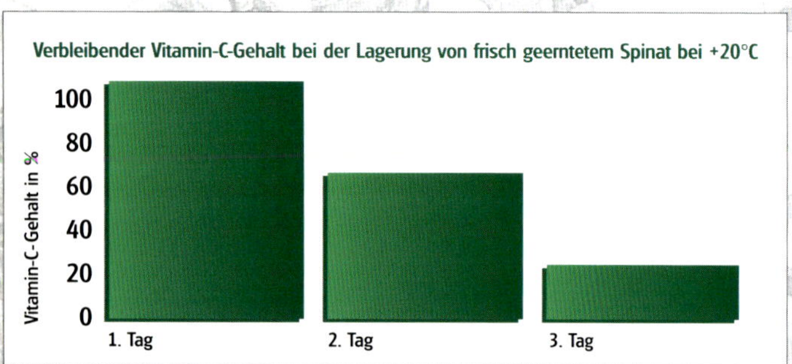

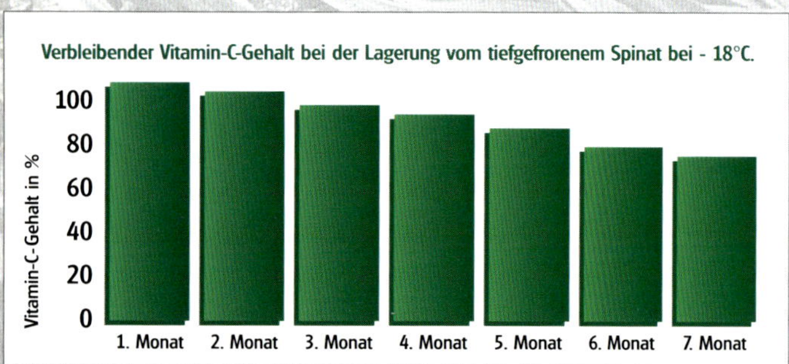

Qualität ist ganz natürlich

Die besten Lebensmittel sind immer die mit den idealen Bedingungen in der Natur. Das ist vielen vom Wein her bekannt. Stehen die Reben nur zwei Hänge weiter auf besserem Boden mit etwas mehr Sonne, dann schmeckt er gleich viel vollmundiger. bofrost* bezieht seine Lebensmittel nur aus ausgesuchten Anbaugebieten in insgesamt 32 Ländern der Erde. Mit über 30 Jahren Erfahrung im Tiefkühlmarkt wissen wir, wo die Erbsen saftig-grün und die Himbeeren noch fruchtiger sind.

Im Dialog mit Vertragspartnern

bofrost*Tiefkühl-Spezialitäten werden nach strengen Vorgaben angebaut und hergestellt - und nicht nach landesüblichen Gepflogenheiten. Meist sind die bofrost*Grenzwerte und Bestimmungen strenger als das

Lebensmittelrecht des jeweiligen Landes vorschreibt. So garantieren wir die bestmögliche Qualität der bofrost*Lebensmittel.

Fisch-Qualitäts-Kontrolle

Mit Sicherheit mehr Genuss

Die Zeiträume zwischen den Lebensmittel-Skandalen der letzten Jahre wurden immer kürzer. Um so wichtiger ist es für den Verbraucher, sich auf bewährte und geprüfte Qualität verlassen zu können. Neben der eigenen und äußerst strengen Qualitätskontrolle, die jedes Lebensmittel bakteriologisch, chemisch und sensorisch untersucht, arbeitet bofrost* mit externen Laboren eng zusammen. Die Kontrolle der bofrost* Lebensmittel beginnt jedoch weitaus früher:

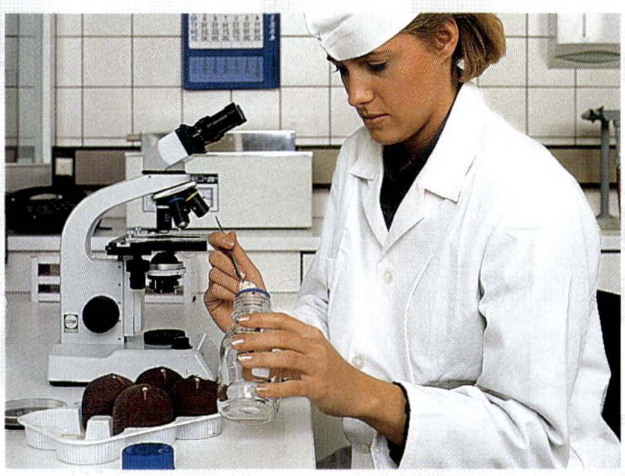

Qualitätskontrolle im Labor

nämlich bereits bei der Auswahl der Produktionspartner, der Festlegung der genauen Detail-Qualität jedes einzelnen Produktes in einer sogenannten Spezifikation. Darüber hinaus sorgen wir für die Begleitung während Aussaat, Wachstum bis hin zur Ernte. Die exzellente Qualität der bofrost*Tiefkühl-Spezialitäten wird auch von der Deutschen Landwirtschafts-Gesellschaft (DLG) Jahr für Jahr mit einer Fülle von Goldenen Preisen bestätigt.

Prüfung der Ernte

Hinter den Kulissen der großen bofrost*Rezeptaktion

Über Geschmacksfragen und erhitzte Gemüter in der Versuchsküche

Das Echo auf die Rezeptaktion war überwältigend. Jeden Tag brachte der Postbote stapelweise Zuschriften, am Ende waren es Abertausende. Sehr beeindruckt hat uns

Posteingang

der liebevolle Aufwand, mit dem sie verfasst wurden. Mal lugte ein Eisbär in Form eines Scherenschnitts aus dem Umschlag, mal die fröhliche Collage eines bofrost* Verkaufsfahrers. Wir entrollten wunderschöne Aquarelle, herzliche Gedichte und sorgsam verfasste Rezeptschriften.

Rezepteinsendungen unserer Kunden

„Wie dick soll das Kochbuch eigentlich werden?", fragte jemand. Gute Frage, die sich aber erst am Ende der Sammlung und Sichtung beantworten ließ.

Rezeptsortierung und -auswahl

Zunächst wurden die Rezepte auf verschiedene Stapel sortiert. Vorspeise – Hauptspeise – Dessert, dann kam die Unterteilung in einzelne Bereiche: von Auflauf bis Suppen. Dabei hatte es ein einzelnes Sorbet natürlich leichter als die zehnte Kartoffelsuppe. Doch da ging die Diskussion schon los. Was macht eine Kartoffelsuppe raffiniert? Ist weniger nicht manchmal mehr, schließlich sollen die Gerichte ja leicht nachzukochen sein? Im Zweifel schickten wir lieber eine Kartoffelsuppe mehr in die Versuchsküche.

So sind 500 Rezepte übrig geblieben, die wir unbedingt nachkochen wollten. Fünfhundert! – Wenn eine Hausfrau jeden Tag ein Rezept kochen würde, wäre sie damit fast anderthalb Jahre zu Gange. Wir hatten dafür nur wenige Wochen. Eine generalstabsmäßige Vorbereitung war also angesagt, endlos lange Einkaufslisten für die Versuchsküche wurden geschrieben.

bofrost* Rezeptaktion

Wo ist das Salz? Sind die Kartoffeln schon geschnitten? Unsere Küche war ein sehr lebendiger Ort. Zwei riesige Tiefkühlschränke voll leckerer bofrost*Tiefkühl-Spezialitäten, zwei Herde und vor allem: als Probeköche acht passionierte Hausfrauen im Alter von 30 bis 70 Jahren. Da war es kein Problem, wenn bei den Zutaten mal eine Mengenangabe fehlte oder in die Suppe einfach nur „eine Tasse Sahne" sollte. Niemand wusste, ob damit eine große oder kleine Tasse gemeint war. So fingen wir eben mit 100 ml an und gaben langsam mehr dazu, bis alle vollends zufrieden waren. Oft standen die acht Frauen im Pulk um die Töpfe, kochten an bis zu drei Gerichten parallel. Kaum war ein Essen fertig, versammelten sich alle mit Besteck gewappnet um die Probierteller. Dann wurde gefachsimpelt. War die Kartoffelsuppe dick genug? Lag es am Rezept oder waren die Kartoffeln nicht mehlig genug? Und überhaupt: Wie aufwändig war die Vorbereitung? Wie einfach das Rezept nachzukochen? Das alles wurde sauber auf einem Bewertungsbogen notiert.

Am Ende war es aber immer eine Abstimmung mit dem Gaumen. Damit die Rezepte auch sicher funktionieren, wurden sie noch dreimal nachgekocht. Von Restaurant-Köchen, von bofrost*Köchen und von ausgewählten bofrost*Kunden. Die 225 leckersten Rezepte schafften es schließlich in das bofrost*Kochbuch. Das Ergebnis halten Sie nun in den Händen - ein aufregendes Kochbuch mit unglaublich vielen tollen Ideen. Ohne die tatkräftige Unterstützung unserer Kundinnen und Kunden wäre das alles nicht möglich gewesen. Dafür möchten wir ganz herzlich danken.

Wir wünschen viel Spaß beim Stöbern, Auswählen und Nachkochen. Und vor allem: **einen guten Appetit!**

Nachkochteam bei der Arbeit

Nachkochen

Die besten Rezepte
unserer Kunden

Vorspeisen & kleine Gerichte

Würziger Kartoffelsalat

Claudia Wagner *aus Wedemark*

Für 4 Personen
Vor- und Zubereitungszeit: 40 Minuten
Marinierzeit: 1 Stunde

750 g fest kochende Kartoffeln
Salz
250 ml Wasser
1 TL gekörnte Instant-Gemüsebrühe
300 g bofrost*Brechbohnen
6 EL Essig
8 EL Öl
schwarzer Pfeffer aus der Mühle
1–2 TL bofrost*Kräuterprofi „Kräutermischung"
200 g Käse (z. B. Gouda)

Die Kartoffeln waschen und in kochendem Salzwasser garen; in ein Sieb abgießen und pellen. Etwas auskühlen lassen, in nicht zu dünne Scheiben schneiden und in eine Schüssel geben.

Das Wasser aufkochen, die gekörnte Gemüsebrühe zufügen und über die Kartoffeln gießen.

Die gefrorenen Brechbohnen 5 Minuten in kochendes Salzwasser geben, in ein Sieb abgießen, kalt abschrecken und abtropfen lassen. Danach unter die Kartoffeln mischen.

Aus Essig, Öl, Salz und Pfeffer sowie der gefrorenen Kräutermischung eine Marinade rühren. Den Käse in kleine Würfel schneiden.

Von den Kartoffeln die nicht aufgesogene Brühe abgießen. Den Käse untermischen und die Marinade darüber gießen. Alles vorsichtig miteinander vermischen und ca. 1 Stunde ziehen lassen.

Rindfleischsalat nach feiner Art

Petra Tutlies *aus Heimbach*

Für 4–6 Personen
Vor- und Zubereitungszeit: 1 Stunde 30 Minuten

750 g mageres Rindfleisch aus der Hüfte
400 g bofrost*Suppengemüse, 10 Sorten
2 TL gekörnte Instant-Fleischbrühe
200 g bofrost*Möhren gewürfelt
4–5 Tomaten (200 g)
6–8 Gewürzgurken (200 g)
1 Zwiebel
Salz, schwarzer Pfeffer aus der Mühle
5–6 EL Salatmayonnaise

Das Rindfleisch mit dem gefrorenen Suppengemüse und der gekörnten Brühe in reichlich Wasser aufsetzen, aufkochen und 1 Stunde bei mittlerer Hitze ziehen lassen. Das Fleisch in der Brühe abkühlen lassen, herausnehmen, abtropfen lassen und in ca. 1/2 cm große Würfelchen schneiden.

Inzwischen die gefrorenen Möhren für 5 Minuten in wenig kochendes Wasser geben; in ein Sieb abgießen und abtropfen lassen.

Die Tomaten waschen und in kleine Stücke schneiden. Die Gewürzgurken fein würfeln. Die Zwiebel abziehen und ebenfalls fein würfeln.

Sämtliche vorbereiteten Zutaten in einer Schüssel miteinander vermischen, kräftig mit Salz und Pfeffer würzen und mit der Salatmayonnaise verfeinern.

Hähnchenbrustsalat
Familie Overbeck *aus Neubeckum*

Für 4 Personen
Vor- und Zubereitungszeit: 40 Minuten

4 bofrost*Hähnchen-Brustfilets, naturbelassen
Salz, schwarzer Pfeffer aus der Mühle
1 TL edelsüßes Paprikapulver
2 EL Margarine
2 kleine Schalotten
250 g Feldsalat
250 g Lollo-Rosso-Salat
250 g Kirschtomaten

Dressing:
4 EL Weißweinessig oder weißer Balsamico-Essig
6 EL Sonnenblumenöl
Salz, schwarzer Pfeffer aus der Mühle
1 Prise edelsüßes Paprikapulver
1 Prise Zucker

Die gefrorenen Hähnchen-Brustfilets auf einen Porzellanteller legen, mit Klarsichtfolie abdecken und am besten über Nacht im Kühlschrank auftauen lassen. Am nächsten Tag mit Küchenkrepp trockentupfen und mit Salz, Pfeffer und etwas Paprikapulver würzen.

Die Margarine in einer Pfanne erhitzen und die Hähnchen-Brustfilets zunächst 5 Minuten von beiden Seiten scharf anbraten. Danach die Hitze reduzieren und weitere 10 bis 15 Minuten braten, dabei immer wieder wenden.

Inzwischen die Schalotten abziehen und in dünne Ringe schneiden. Die Salate waschen und abtropfen lassen. Die Kirschtomaten waschen und halbieren.

Den Salat auf vier Tellern verteilen, die Zwiebelringe und Kirschtomaten darüber legen.

Alle Zutaten für das Dressing kräftig miteinander vermischen und pikant abschmecken.

Die Hähnchen-Brustfilets aus der Pfanne nehmen, noch heiß schräg in Scheiben aufschneiden und auf dem Salat anrichten. Mit dem Dressing beträufeln und sofort servieren.

Hähnchenbrustsalat
Marita Schmidt *aus Jüdenberg*

Für 10 Personen
Vor- und Zubereitungszeit: 35 Minuten
Marinierzeit: 3 Stunden

1 Pck. bofrost*Hähnchen-Brustfilets, naturbelassen (1000 g)
Salz
3 Dosen Mandarinen (à 300 g)
1 Glas eingelegter grüner Pfeffer (100 g)
1 Glas Salatcreme (Fertigprodukt, 500 ml)
150 g Vollmilchjoghurt
1 EL Currypulver
100 g bofrost*Zwiebelwürfel
1 Spritzer Tabasco

Die gefrorenen Hähnchenfilets auf einen Porzellanteller legen, mit Klarsichtfolie abdecken und am besten über Nacht im Kühlschrank auftauen lassen. Am nächsten Tag mit Küchenkrepp trockentupfen, in kochendes Salzwasser geben und 25 Minuten garen. Herausheben, abtropfen und abkühlen lassen und dann in ca. 1 cm große Würfel schneiden.

Die Mandarinen und den eingelegten grünen Pfeffer in verschiedenen Sieben abtropfen lassen – der Saft kann anderweitig verwendet werden.

Sämtliche Zutaten in einer großen Schüssel gut miteinander vermischen und pikant abschmecken.

Etwa 3 Stunden im Kühlschrank durchziehen lassen.

Tipp: Dazu Weißbrot reichen.

Eisbergsalat mit Garnelen in Kräutersoße

Ellen Pauli *aus Köln*

Für 4–6 Personen
Vor- und Zubereitungszeit: 35 Minuten

1 Bund Radieschen
1 kleiner Eisbergsalat
2 Avocados
Saft von 1/2 Limette
1 Bund Majoran
400 g bofrost*Garnelen in Kräutersoße
2 EL bofrost*Kräuterprofi „Petersilie"
Salz, weißer Pfeffer

Dressing:
1 rote Zwiebel
2 EL Mayonnaise
200 g Schmand
Saft von 1/2 Limette
Salz, weißer Pfeffer
1 Prise Zucker

Die Radieschen putzen, waschen und halbieren oder vierteln. Den Eisbergsalat putzen, die Blätter waschen und abtropfen lassen; dann grob zerkleinern.

Die Avocados längs halbieren, die Kerne herauslösen und die Hälften schälen. Das Fruchtfleisch in Spalten schneiden und mit Limettensaft beträufeln. Den Majoran waschen, trockentupfen und fein hacken.

Für das Dressing die Zwiebel abziehen und fein würfeln. Mayonnaise, Schmand, Limettensaft und Zwiebelwürfel verrühren und mit Salz, Pfeffer und Zucker abschmecken.

Eine Pfanne erhitzen und die gefrorenen Garnelen mit der Soße darin 3 bis 4 Minuten anbraten. Majoran und die gefrorene Petersilie untermischen, nach Geschmack würzen und die Pfanne sofort vom Herd nehmen. Nun die Schwanzstücke einzeln von den Garnelen abziehen.

Radieschen, Salat, Avocados und das Dressing miteinander vermischen und die Garnelen darauf verteilen. Die Kräutersoße aus der Pfanne darüber gießen und sofort servieren.

Schichtsalat

Sonja Mercker *aus Unterhaching*

Für ca. 10 Personen
Vor- und Zubereitungszeit: 1 Stunde
Marinierzeit: 24 Stunden

4 Eier
200 g bofrost*Mais
200 g bofrost*Babymöhren
200 g bo*Erbsen „Petits Pois"
200 g bofrost*Weißer Stangenspargel
Salz
200 g Kochschinken
1 Dose Ananasringe (560 g)
1 Stange Lauch
1 Dose Mais (340 g)
1 Glas Selleriescheiben (240 g)
1 Glas Salatmayonnaise (500 ml)

Die Eier in ca. 10 Minuten hart kochen, kalt abschrecken und pellen; sobald sie ausgekühlt sind in Viertel schneiden.

Die gefrorenen Gemüse getrennt voneinander in kochendes Salzwasser geben – den Spargel 15 Minuten, die Babymöhren 4 Minuten, den Mais und die Erbsen 1-2 Minuten garen lassen. Die Gemüse in ein Sieb abgießen, kalt abschrecken und abtropfen lassen. Den Spargel und die Babymöhren klein schneiden.

Den Kochschinken in kleine Würfel schneiden. Die Ananasringe und die Sellerieschеiben in zwei Siebe abgießen, dabei die Flüssigkeit auffangen. Danach in kleine Stücke schneiden. Den Lauch putzen, waschen und in dünne Ringe schneiden.

Die Zutaten in eine Schüssel einschichten: zuerst den blanchierten Mais, dann die Babymöhren, die Erbsen und den Spargel. Anschließend die Schinkenwürfel und Eiviertel. Darüber kommen Ananas, Dosenmais und Sellerie. Obenauf werden die Lauchringe verteilt.

Die Salatmayonnaise mit einem Teil der aufgefangenen Flüssigkeit geschmeidig rühren und über den Salat gießen. Den Salat abgedeckt ca. 24 Stunden in den Kühlschrank stellen und gut durchziehen lassen.

Tipp: Als Beilage eignet sich frisches Baguette.

Pasta-Pilz-Pesto-Salat

Heike Basse *aus Münster*

Für 4 Personen
Vor- und Zubereitungszeit: 50 Minuten
Marinierzeit: 1 Stunde

350 g bofrost*Feinschmecker-Pilzmischung
2 EL Olivenöl
3 EL bofrost*Zwiebelwürfel
250 g Orecchiette
Salz
2 Fleischtomaten
150 g Mozzarella
schwarzer Pfeffer aus der Mühle

Pesto:
1 Bund Basilikum
50 g Pinienkerne
2–3 Knoblauchzehen
1 EL grobes Salz
50 grob geriebener Parmesan
6 EL Olivenöl
1 EL Balsamico-Essig
1–2 EL Weißweinessig

Die Pilzmischung abgedeckt in einem Sieb antauen lassen.

Das Olivenöl in einer Pfanne erhitzen und die Pilze darin bei starker Hitze 5 Minuten anbraten. Die gefrorenen Zwiebelwürfel dazugeben und kurz mitdünsten lassen. Die Pfanne beiseite stellen und alles abkühlen lassen.

Die Orechiette-Nudeln in kochendem Salzwasser nach Packungsanweisung bissfest garen, in ein Sieb abgießen – dabei etwas Kochwasser auffangen –, kalt abspülen und abtropfen lassen.

Die Fleischtomaten mit heißem Wasser überbrühen, häuten, das Fruchtfleisch klein würfeln und dabei entkernen. Den Mozzarella ebenfalls in Würfel schneiden.

Das Basilikum waschen, trockenschütteln und die Blätter abzupfen. Zusammen mit den Pinienkernen und den abgezogenen Knoblauchzehen in einer Küchenmaschine pürieren, dabei Salz, Parmesan und Olivenöl zugeben, bis das Pesto von geschmeidiger Konsistenz ist. Zum Schluss beide Essigsorten einrühren.

Die Nudeln in eine Schüssel geben, die Pilz-Zwiebel-Mischung dazugeben, Tomaten- und Mozzarellawürfel untermischen und zum Schluss das Pesto einrühren. Bei Bedarf den Salat mit etwas Nudel-Kochwasser geschmeidig machen. Mit Pfeffer abschmecken und ca. 1 Stunde durchziehen lassen.

Mediterraner Bohnensalat

Ulrike Johanna Müller *aus Kalt*

Für 4 Personen
Vor- und Zubereitungszeit: 30 Minuten
Marinierzeit: 3 Stunden

750 g bofrost*Prinzessbohnen
100 g getrocknete, eingelegte Tomaten
50 g Schafskäse
50 g schwarze, entsteinte Oliven

Marinade:
2 kleine Schalotten
2 Knoblauchzehen
2 EL bofrost*Kräuterprofi „Petersilie"
5 EL Rotweinessig
Salz, schwarzer Pfeffer aus der Mühle
150 ml Olivenöl

Die gefrorenen Prinzessbohnen 6 Minuten in kochendes Wasser geben, in ein Sieb abgießen, kalt abschrecken und abtropfen lassen.

Für die Marinade die Schalotten und Knoblauchzehen abziehen und fein hacken. Zusammen mit der gefrorenen Petersilie und den übrigen Zutaten gut verrühren.

Die abgekühlten Prinzessbohnen mit der Marinade übergießen und mindestens 3 Stunden ziehen lassen.

Tomaten, Schafskäse und Oliven klein würfeln und über dem Bohnensalat verteilen.

Bohnensalat mit Knoblauch

Anette Müller *aus Pohlheim-Hausen*

Für 6–8 Personen
Vor- und Zubereitungszeit: 20 Minuten
Marinierzeit: 3 Stunden

1 kg bofrost*Brechbohnen
1 Bund frisches Basilikum
4 Knoblauchzehen
8 EL Olivenöl
Salz, schwarzer Pfeffer aus der Mühle

Die gefrorenen Brechbohnen in kochendem Wasser in ca. 5 Minuten bissfest garen, in ein Sieb abgießen, kalt abschrecken, abtropfen und erkalten lassen.

Das Basilikum waschen, trockenschütteln und die Blätter abzupfen.
Die Knoblauchzehen abziehen und durch eine Presse drücken.

Den Knoblauch mit dem Olivenöl, Salz und Pfeffer mischen. Das Basilikum hinzugeben und alles mit einem Stabmixer pürieren.

Die Brechbohnen in eine Schüssel geben, mit der Marinade übergießen und alles gut miteinander vermischen. Etwa 3 Stunden durchziehen lassen und anschließend auf einer Platte anrichten.

Tipp: Einige Herzblättchen des Basilikums können zum Dekorieren verwendet werden.

Edler Krabbensalat

Gabi Schuster *aus Hattingen*

Für 4 Personen
Vor- und Zubereitungszeit: 30 Minuten
Marinierzeit: 2–3 Stunden

1/2 Pck. bofrost*Luxuskrabben (Grönlandgarnelen, 250 g)
4 Eier
1 Bund frischer Dill
100 g Crème fraîche
100 g Mayonnaise
2 EL Zitronensaft
2 TL Senf
Salz, schwarzer Pfeffer aus der Mühle

Die Luxuskrabben in einem Sieb am besten über Nacht abgedeckt auftauen lassen.

Die Eier in ca. 10 Minuten hart kochen, kalt abschrecken und pellen. Die Eier halbieren, die Eigelbe herauslösen und beiseite legen. Das Eiweiß klein würfeln.

Inzwischen den Dill waschen, trockenschütteln, Blättchen von den Stielen zupfen und fein hacken.

Crème fraîche, Mayonnaise, Zitronensaft und Senf miteinander verrühren. Die Eigelbe nacheinander durch ein Sieb in die Soße streichen und untermischen.

Die Eiweißwürfel und Luxuskrabbenstücke vorsichtig in die Soße einrühren, den Dill zugeben und mit Salz und Pfeffer abschmecken.

2 bis 3 Stunden im Kühlschrank ziehen lassen. Vor dem Servieren nochmals gut umrühren.

Krabben-Cocktail-Salat

Mathilde Kuhnekath *aus Issum*

Für 8 Personen
Vorbereitungszeit: 30 Minuten
Marinierzeit: 1 Stunde

400 g bofrost*Luxuskrabben (Grönlandgarnelen)
Saft von 1 Zitrone
1 kleine Honigmelone
1 Mango
1 Dose Ananasringe oder Mandarinen (200 g)
1 kleiner Kopfsalat

Cocktailsoße:
200 g Sahne
1 EL Mayonnaise
1 EL Ketchup (z. B. Curry)
1 Prise Salz
1 Prise Zucker
1/2 TL Senf
1 TL Meerrettich
1 Spritzer Tabasco
Saft von 1/2 Zitrone
4 TL Weinbrand

Die Luxuskrabben in einem Sieb am besten über Nacht abgedeckt auftauen lassen; danach mit Zitronensaft beträufeln.

Inzwischen die Honigmelone halbieren, die Kerne entfernen und mit einem Kugelausstecher kleine Kugeln formen. Die Mango schälen, das Fruchtfleisch vom Stein abschneiden und würfeln. Die Ananas in einem Sieb abtropfen lassen und klein schneiden. Den Kopfsalat putzen, waschen und gut abtropfen lassen.

Für die Cocktailsoße die Sahne steif schlagen und mit allen übrigen Zutaten vermischen.

Krabben, Melonenkugeln, Mango- und Ananasstücke mit der Cocktailsoße mischen und ca. 1 Stunde im Kühlschrank durchziehen lassen.

Acht Cocktailgläser mit den Salatblättern auslegen, den Krabben-Cocktail-Salat einfüllen und gleich servieren.

Tomaten-Mozzarella-Salat nach mediterraner Art

Tanja Otte *aus Kalefeld-Echte*

Für 2–4 Personen
Vor- und Zubereitungszeit: 30 Minuten

4 große Tomaten
2 kleine Mozzarella-Kugeln (à 125 g)
2 EL Olivenöl
2 TL bofrost* Kräuterprofi „Kräutermischung"
2 TL Balsamico-Essig
Salz, schwarzer Pfeffer aus der Mühle
20 bofrost*Garnelen in Kräutersoße

Die Tomaten waschen und in Scheiben schneiden. Den Mozzarella abtropfen lassen und ebenfalls in Scheiben schneiden.

Die Tomatenscheiben auf zwei Tellern anrichten, die Mozzarella-Scheiben darauf legen und mit etwas Olivenöl beträufeln. Mit der gefrorenen Kräutermischung, dem Balsamico-Essig, Salz und Pfeffer würzen.

Die gefrorenen Garnelen in der Pfanne 8 Minuten braten, auf dem Tomaten-Mozzarella-Salat verteilen und sofort servieren.

Lasagnetaschen mit Lachsfüllung

Anneliese Katzer *aus Geilenkirchen*

Für 2 Personen
Vorbereitungszeit: 30 Minuten
Backzeit: 20 Minuten

1 bofrost*Lachsfilet
1 unbehandelte Zitrone
Salz, schwarzer Pfeffer aus der Mühle
1/2 Bund Dill
75 g Crème fraîche
100 g rote Cocktailtomaten (10 Stück)
2 Lasagneblätter, ohne Vorkochen
Fett für die Form

Außerdem:
Alufolie

Das gefrorene Lachsfilet auf einen Porzellanteller legen, mit Klarsichtfolie abdecken und am besten über Nacht im Kühlschrank auftauen lassen. Am nächsten Tag kalt abwaschen, mit Küchenkrepp trockentupfen und horizontal halbieren.

Die Zitrone heiß abwaschen, trockenreiben und 1 Teelöffel Schale als feine Streifen mit einem Zestenreißer abziehen. Die Zitrone halbieren und die Hälften auspressen.

Die Lachshälften mit Zitronensaft beträufeln und mit Salz und Pfeffer würzen.

Den Dill waschen, trockenschütteln, Blättchen von den Stielen zupfen und fein hacken. Dill und Crème fraîche verrühren und mit Salz und Pfeffer würzen. Die Cocktailtomaten waschen und halbieren.

Die Lasagneblätter 4 Minuten in kochendem Salzwasser einweichen – nicht mehr kochen; herausheben und auf ein Küchenhandtuch legen.

Jeweils 1 Lachshälfte auf die untere Hälfte eines Lasagneblattes legen. Etwa 1/4 der Dillcreme darauf verstreichen und das Lasagneblatt darüber schlagen.

Beide Lasagnetaschen in eine gefettete Auflaufform legen und die restliche Dillcreme darauf streichen. Die Cocktailtomaten dazulegen.

Die Lasagnetaschen mit Alufolie abdecken und im vorgeheizten Backofen bei 150° C ca. 10 Minuten backen. Die Alufolie abnehmen und weitere 10 Minuten backen. Mit der Zitronenschale bestreut servieren.

Böreks – gefüllte Blätterteigtaschen

Angelika Fried *aus Gladbeck*

Für 6 Personen (24 Stück)
Vorbereitungszeit: 20 Minuten
Backzeit: 20–25 Minuten

1 Pck. bofrost*Blätterteig (1000 g)
Mehl für die Arbeitsfläche
4–6 Knoblauchzehen
500 g Schafskäse
2–3 EL Milch
etwas Olivenöl
1 Pck. bofrost*Kräuterprofi „Kräutermischung" (45 g)
schwarzer Pfeffer aus der Mühle
Sambal Oelek oder Chilipulver, nach Geschmack
1 Eigelb
50 g Sesamsaat

Außerdem:
bofrost*Dauer-Backfolie

Die gefrorenen Blätterteigplatten in die vorgestanzten Quadrate teilen und auf einer leicht bemehlten Arbeitsfläche auftauen lassen.

Die Knoblauchzehen abziehen und durch eine Presse drücken.

Den Schafskäse mit einer Gabel zerbröckeln. Milch, Olivenöl, Knoblauch, die gefrorenen Kräuter und die Gewürze zugeben und alles gut miteinander vermischen.

Auf jedes Blätterteigquadrat 1 Esslöffel der Schafskäse-Mischung geben, die vier Ecken zur Mitte hin darüber klappen und die Böreks auf ein mit Backfolie ausgelegtes Backblech legen.

Das Eigelb mit einer Gabel aufschlagen, die Böreks damit bestreichen und mit etwas Sesam bestreuen. Im vorgeheizten Backofen bei 200 °C 20 bis 25 Minuten backen, bis die Blätterteigtaschen aufgegangen und gebräunt sind.

Tipp: Für Partys besonders gut geeignet.

Schweineohren mit Rosmarin und Schinken

Silvia Marisa Rojas *aus Dülmen*

Für 4–6 Personen
Vorbereitungszeit: 25 Minuten
Backzeit: 15 Minuten

1 1/2 Platten bofrost*Blätterteig
Mehl für die Arbeitsfläche
2 kleine Zweige Rosmarin
Salz, schwarzer Pfeffer aus der Mühle
12 dünne Scheiben Frühstücksschinken (200 g)

Außerdem:
bofrost*Dauer-Backfolie

Die Blätterteigplatten auf einer leicht bemehlten Arbeitsfläche auftauen lassen. Dann an den Nahtstellen zu einem Rechteck aneinander drücken.

Inzwischen den Rosmarin waschen, trockenschütteln, Nadeln von den Stielen zupfen und fein hacken.

Den Rosmarin auf der Teigplatte verteilen und mit einem Nudelholz fest andrücken. Mit Salz und Pfeffer würzen und mit den Schinkenscheiben belegen.

Den Teig von den beiden schmaleren Seiten her 2-mal nach innen klappen, so dass der Belag völlig umschlossen ist. Das geht folgendermaßen: jeweils 1/6 Fläche von den Seiten her übereinander legen; diesen Teigüberschlag erneut zur Mitte hin klappen.

Mit einem scharfen Messer 1 cm breite Streifen quer abschneiden, diese auf ein mit Backfolie ausgelegtes Blech legen und im vorgeheizten Backofen bei 200 °C 10 bis 15 Minuten backen.

Tipp: Anstelle des Schinkens kann man auch Tiroler Speck verwenden; man sollte jedoch dann sparsam mit dem Salz umgehen.

Blätterteigtraum

Andrea Heck *aus Düsseldorf*

Für 6 Personen (24 Stück)
Vorbereitungszeit: 50 Minuten
Backzeit: 10 Minuten

1 Pck. bofrost*Blätterteig (1000 g)
Mehl für die Arbeitsfläche
400 g bofrost*Junger Spinat
2 Knoblauchzehen
50 g roher Schinken
1 EL Öl
80 g bofrost*Zwiebelwürfel
125 g Mascarpone
125 g Quark
Salz, weißer Pfeffer
1 Prise Muskat
1 Ei (trennen in Eigelb und Eiweiß)

Außerdem:
bofrost*Dauer-Backfolie

Die Blätterteigplatten auf einer leicht bemehlten Arbeitsfläche auftauen lassen. Den Spinat in einem Sieb auftauen lassen.

Die Knoblauchzehen abziehen und fein hacken. Den Schinken klein würfeln.

Das Öl in einer Pfanne erhitzen und die gefrorenen Zwiebeln darin zusammen mit dem rohen Schinken 3 Minuten anbraten. Spinat und Knoblauch hinzufügen und die Pfanne mit einem Deckel verschließen. Bei geringer Hitze 10 Minuten köcheln. Die Pfanne vom Herd nehmen und den Mascarpone und Quark glatt unterrühren; mit Salz, Pfeffer und Muskat pikant abschmecken.

Die 6 Blätterteigplatten mit einem Nudelholz etwas ausrollen und aus jeder Platte Kreise von 10 cm Ø ausstechen (z. B. mit einem Glas). Auf jeden Kreis 1 Esslöffel der Spinat-Quark-Masse geben.

Den Teig über die Füllung klappen und an den Nähten fest andrücken, so dass Halbmonde entstehen; bei Bedarf die Teigränder mit etwas Eiweiß bestreichen, damit sie fest zusammenhalten. Das Eigelb mit einer Gabel verschlagen und die Teigtaschen damit bestreichen.

Die Teigtaschen auf ein mit Backfolie ausgelegtes Blech legen und im vorgeheizten Backofen bei 180 °C in ca. 10 Minuten goldbraun backen.

Spinatpizza

Anne-Kathrin Paulus *aus Mönchengladbach*

Für 4 Personen
Vorbereitungszeit: 25 Minuten
Gehzeit für den Teig: 45 Minuten
Backzeit: 25 Minuten

Teig:
20 g frische Hefe
150 ml lauwarmes Wasser
1/2 TL Salz
400 g Mehl
2 EL Olivenöl + Öl für das Blech

Belag:
2 Knoblauchzehen
200 g Feta
300 g junger Gouda
1 EL Öl
500 g bofrost*Blattspinat
Salz, schwarzer Pfeffer aus der Mühle
1 Dose Pizzatomaten (400 g)

Die Hefe im lauwarmen Wasser auflösen. Salz und Mehl in einer Schüssel vermischen, in der Mitte eine Mulde bilden und die angerührte Hefe hineingießen. Rasch zu einem glatten Teig verrühren und diesen fest verschlagen, so dass er geschmeidig wird. Die Schüssel mit einem Tuch abdecken und den Teig bei Zimmertemperatur ca. 45 Minuten gehen lassen, bis sich sein Volumen verdoppelt hat. Danach nochmals gut durchkneten und dabei das Olivenöl unterarbeiten.

Ein Backblech mit Olivenöl einfetten und den Teig darauf gleichmäßig ausziehen.

Die Knoblauchzehen abziehen und durch eine Presse drücken.
Den Feta zerkleinern; den Gouda in feine Scheibchen schneiden.

Das Öl in einer Pfanne erhitzen und den gefrorenen Blattspinat darin in ca. 8 Minuten auftauen. Den Knoblauch dazugeben, mit Salz und Pfeffer würzen und weitere 4 Minuten dünsten lassen. Die Pfanne vom Herd nehmen.

Die Pizzatomaten auf dem Teig verteilen. Den Feta darüber streuen und alles mit dem Spinat bedecken. Die Goudascheibchen darüber verteilen.

Die Spinatpizza im vorgeheizten Backofen bei 200 °C 20 bis 25 Minuten backen. Herausnehmen, leicht abkühlen lassen und servieren.

Porreetorte

Ingrid Müller Exner *aus Hamburg*

Für 4–6 Personen
Vorbereitungszeit: 1 Stunde
Backzeit: 30 Minuten

Teig:
300 g Mehl
Salz
150 g Margarine
1 Ei
Mehl für die Arbeitsfläche

Belag:
50 g Margarine
1 Pck. bofrost*Porree (1200 g)
Salz
200 g Lachsschinken
200 g Crème fraîche
4 Eier
100 g geriebener Gouda
schwarzer Pfeffer aus der Mühle
1 Prise Muskat

Mehl, Salz, Margarine und Ei schnell zu einem glatten Teig verkneten. Den Mürbeteig in Klarsichtfolie einpacken und 30 Minuten im Kühlschrank ruhen lassen.

Inzwischen 30 Gramm Margarine in einer großen Pfanne erhitzen und den gefrorenen Porree darin 15 Minuten dünsten lassen. Mit etwas Salz würzen.

Den Teig auf einer bemehlten Arbeitsfläche ausrollen und in eine Springform von 30 cm Ø einlegen, dabei einen Rand von 3 cm hoch ziehen. Den Kuchenboden im vorgeheizten Backofen bei 200 °C ca. 20 Minuten vorbacken. Herausnehmen und abkühlen lassen.

Den Lachsschinken würfeln und in der restlichen Margarine 3 Minuten anbraten. Crème fraîche, Eier und Käse mit einem Schneebesen verrühren und mit Salz, Pfeffer und Muskat würzen.

Den Lachsschinken auf dem Teigboden verteilen, den Porree darauf geben und die Eier-Käse-Mischung darüber gießen. Im vorgeheizten Backofen bei 200 °C ca. 30 Minuten backen.

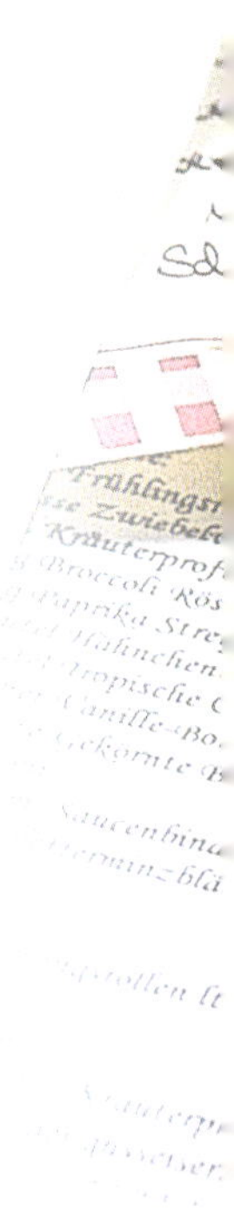

Spargel-Tarte

Ilona Haberl *aus Simbach am Inn*

Für 4 Personen
Vorbereitungszeit: 30 Minuten
Backzeit: 45 Minuten

2 Platten bofrost*Blätterteig
Fett für die Form
Mehl für die Arbeitsfläche
50 g Speck
1 Pck. Mozzarella (125 g)
250 g bofrost*Weißer Stangenspargel
3 Eier
125 g Sahne
50 ml Weißwein oder Wasser
Salz, schwarzer Pfeffer aus der Mühle
1 EL bofrost*Kräuterprofi „Petersilie"

Die Blätterteigplatten übereinander auf einer leicht bemehlten Arbeitsfläche auftauen lassen. Danach ausrollen und eine gefettete Auflaufform von ca. 24 cm Ø damit auslegen und bis zum Rand hoch ziehen.

Den Speck würfeln und in einer beschichteten Pfanne ohne Fettzugabe kross braten. Den Mozzarella ebenfalls klein würfeln.

Den gefrorenen Spargel halbieren, auf den Blätterteig legen, die Speckwürfel darüber verteilen und darüber die Mozzarella-Würfel geben.

Eier, Sahne und Weißwein oder Wasser mit einem Schneebesen glatt verrühren und mit Salz und Pfeffer würzen. Die gefrorene Petersilie untermischen und die Masse über den Spargel in die Auflaufform gießen.

Die Spargel-Tarte im vorgeheizten Backofen bei 175 °C ca. 45 Minuten backen. Herausnehmen, etwas abkühlen lassen und lauwarm mit einem gemischten Salat servieren.

Zwiebelkuchen vom Blech

Marion Keidl *aus Groß-Zimmern*

Für 6 Personen
Vorbereitungszeit: 20 Minuten
Gehzeit für den Teig: 45 Minuten + 15 Minuten
Backzeit: 25 Minuten

Teig:
150 g Weizenmehl
200 g Dinkelmehl
70 g weiche Butter
200 ml lauwarmes Wasser
1/2 Würfel Hefe oder 1 Pck. Trockenhefe
1 TL Salz
1 TL Zucker
Mehl für die Arbeitsfläche
Öl für das Blech

Belag:
1 EL Olivenöl
50 g gewürfelter Bauchspeck
1/2 Pck. bofrost*Zwiebelwürfel (500 g)
3 Eier
200 g Crème fraîche
Salz
1 EL Kümmel

Aus Weizenmehl, Dinkelmehl, Butter, Wasser, Hefe, Salz und Zucker einen weichen Teig kneten. In eine große Schüssel legen, mit einem Tuch bedecken und ca. 45 Minuten an einem warmen Ort gehen lassen, bis er sein Volumen verdoppelt hat. Dann auf einer bemehlten Arbeitsfläche ausrollen und auf ein leicht geöltes Kuchenblech legen.

Das Olivenöl in einer Pfanne erhitzen und den Bauchspeck darin 3 Minuten auslassen. Die gefrorenen Zwiebelwürfel dazugeben und in ca. 5 Minuten glasig dünsten.

Inzwischen Eier und Crème fraîche mit dem Schneebesen glatt verquirlen, etwas salzen und den Kümmel unterrühren.

Die Speck-Zwiebel-Mischung auf dem Teig verteilen und mit der Eiermischung begießen. Den Zwiebelkuchen weitere 15 Minuten im Warmen gehen lassen. Dann im vorgeheizten Backofen bei 200 °C ca. 25 Minuten backen. Herausnehmen, etwas abkühlen lassen und servieren.

Blätterteigtaschen mit Spinat und Schafskäse

Kerstin Rabe *aus Enger*

Für 4 Personen (16 Stück)
Vorbereitungszeit: 30 Minuten
Garzeit: 20 Minuten

4 Platten bofrost*Blätterteig
Mehl für die Arbeitsfläche
300 g bofrost*Blattspinat Vier-Käse
250 g Schafskäse (z. B. Feta)
1 Ei
1 EL Kondensmilch
50 g Sesamsaat

Außerdem:
bofrost*Dauer-Backfolie

Die gefrorenen Blätterteigplatten in die vorgestanzten Quadrate teilen und auf einer leicht bemehlten Arbeitsfläche auftauen lassen; danach mit einem Nudelholz dünn ausrollen.

Den gefrorenen Blattspinat in einem Topf leicht erwärmen. Den Schafskäse in Würfel schneiden.

Auf eine Hälfte jedes Blätterteigquadrats etwas Blattspinat geben und den Schafskäse darauf verteilen.

Das Ei trennen. Das Eigelb mit der Kondensmilch verquirlen. Die Teigränder mit dem leicht verschlagenen Eiweiß bestreichen.

Die Blätterteigrechtecke zusammenklappen und die Ränder mit einer Gabel zusammendrücken. Die Blätterteigtaschen mit der Eigelb-Kondensmilch-Mischung bestreichen und mit Sesam bestreuen.

Die Blätterteigtaschen auf ein mit Backfolie ausgelegtes Backblech setzen und im vorgeheizten Backofen bei 200 °C in ca. 20 Minuten goldbraun backen.

*Tipp: Als Beilage eignet sich gut bofrost*Griechischer Bauernsalat.*

Rösti-Sandwich Lukull

Monika Ruchatz *aus Minden*

Für 4 Personen
Vor- und Zubereitungszeit: 30 Minuten

1 Pck. bofrost*Rösti-Sandwich (800 g)
1 EL Butter
200 g bofrost*Zwiebelwürfel
250 g bofrost*Gemüse-Mix „Fantastico"
350 g bofrost*Rahm-Champignons
4 Scheiben Scheiblettenkäse
1 EL bofrost*Kräuterprofi „Petersilie"

Die gefrorenen Rösti-Sandwiches in eine Auflaufform geben und im vorgeheizten Backofen bei 200 °C ca. 25 Minuten backen.

Inzwischen die Butter in einer Pfanne erhitzen, die gefrorenen Zwiebelwürfel darin 3 Minuten anschwitzen. Dann den gefrorenen Gemüse-Mix und die gefrorenen Rahm-Champignons zugeben und weitere 5 Minuten garen.

Die Auflaufform mit den Rösti-Sandwiches aus dem Ofen nehmen und die Gemüse-Champignon-Mischung darüber verteilen. Den Scheiblettenkäse obenauf legen und die Auflaufform für weitere 5 Minuten in den Ofen geben – bis der Käse zerlaufen ist. Herausnehmen, die gefrorene Petersilie darüber streuen, kurz ruhen lassen und servieren.

Maisrösti mit Rucola-Dip

Cosima Wollensak *aus München*

Für 4 Personen
Vor- und Zubereitungszeit: 45 Minuten

600 g bofrost*Mais
2 EL Mehl
1 EL bofrost*Kräuterprofi „Schnittlauch"
1 TL bofrost*Kräuterprofi „Knoblauch"
2 Eier
Salz
3 EL Butterschmalz

Dip:
1 Bund Rucola
3 EL Crème fraîche
3 EL Vollmilchjoghurt
1 EL Mayonnaise
1 EL Milch
Salz, schwarzer Pfeffer aus der Mühle

Den Mais in einem Sieb abgedeckt auftauen lassen.

Inzwischen den Rucola waschen, trockenschütteln und fein hacken. Crème fraîche, Vollmilchjoghurt, Mayonnaise und Milch verrühren, den Rucola zugeben und mit Salz und Pfeffer würzen.

Den Mais mit dem Mehl, dem gefrorenen Schnittlauch und Knoblauch in einer Schüssel vermischen. Die aufgeschlagenen Eier unterrühren und nach Geschmack salzen.

Das Butterschmalz in einer beschichteten Pfanne erhitzen, die Maismasse portionsweise hineingeben und die Röstis in ca. 5 Minuten von beiden Seiten hellbraun ausbacken.

Die Röstis auf eine Platte legen, mit dem Rucola-Dip bestreichen und sofort servieren.

*Tipp: Für Hungrige reicht man dazu bofrost*Fleischspieße.*

Pizza-Brötchen

Liesel Schuschan *aus Petershagen*

Für 6 Personen
Vorbereitungszeit: 30 Minuten
Garzeit: 15 Minuten

8 bofrost*Original französische Baguette-Brötchen
200 g Tomaten
200 g Kochschinken
200 g Salami
200 g bofrost*Paprikastreifen
200 g geriebener Gouda
200 g Sahne
Salz, schwarzer Pfeffer aus der Mühle
1 TL rosenscharfes Paprikapulver
1 TL Pizza-Gewürz
200 g bofrost*Champignons in Scheiben

Die Baguette-Brötchen auf einen Teller legen und auftauen lassen. Danach halbieren.

Tomaten waschen und in kleine Würfel schneiden. Schinken und Salami ebenfalls klein würfeln. Die gefrorenen Paprikastreifen klein schneiden, in ein Sieb geben und abgedeckt antauen lassen.

Gouda und Sahne zu einer glatten Masse verrühren und mit Salz, Pfeffer, Paprikapulver und Pizza-Gewürz pikant abschmecken.

Tomaten, Schinken, Salami, Paprika und die gefrorenen Champignons in die Käse-Sahne-Masse geben und gut miteinander verrühren.

Jede Brötchenhälfte reichlich mit der Masse belegen und im vorgeheizten Backofen bei 200 °C ca. 15 Minuten überbacken.

Rösti-Sandwich mit amerikanischem Gemüse

Britta Beatrix van Bentum *aus Radebeul*

Für 4-6 Personen
Vor- und Zubereitungszeit: 55 Minuten

1 Pck. bofrost*Rösti-Sandwich (800 g)
1 l Gemüsebrühe
1/2 Pck. bofrost*Broccoli-Röschen (500 g)
1 Pck. bofrost*Kaiserschoten (500 g)
200 g Kochschinken
1 mittelgroße Zwiebel
2 Knoblauchzehen
50 g Margarine
1/2 Pck. bofrost*Paprikastreifen (500 g)
700 g bofrost*Champignons in Scheiben
200 g Sahne
1 Spritzer Zitronensaft
Salz, schwarzer Pfeffer aus der Mühle
1 TL getrocknetes Basilikum
1 Prise Oregano
Chilipulver nach Geschmack
1 EL bofrost*Kräuterprofi „Petersilie"

Die gefrorenen Rösti-Sandwiches auf ein Blech legen und im vorgeheizten Backofen bei 200 °C ca. 30 Minuten backen.

Die Gemüsebrühe in einem großen Topf aufkochen, die gefrorenen Broccoli-Röschen zugeben und 6 Minuten garen lassen. Nach 4 Minuten Garzeit die gefrorenen Kaiserschoten zugeben. Alles herausheben und in einem Sieb abtropfen lassen.

Inzwischen den Kochschinken würfeln. Zwiebel und Knoblauchzehen abziehen; die Zwiebel fein hacken, den Knoblauch durch eine Presse drücken.

Die Margarine in einer Pfanne erhitzen, Schinkenwürfel, Zwiebelwürfel und Knoblauch darin kurz anbraten und dann die gefrorenen Paprikastreifen und Champignons dazugeben. 10 bis 15 Minuten schmoren, bis der ausgetretene Saft verdampft ist.

Broccoli-Röschen und Zuckerschoten zugeben, die Sahne zugießen und kurz erwärmen lassen. Mit Zitronensaft und den Gewürzen abschmecken.

Die Sandwiches auf vier Tellern anrichten und das Gemüse darüber verteilen. Mit der gefrorenen Petersilie garnieren.

Tipp: Wer möchte kann geriebenen Parmesan darüber geben.
Als Getränke passen entweder ein trockener Weißwein oder ein süffiges Altbier.

Krabbencocktail

Dieter Haberbosch *aus Baden-Baden*

Für 4 Personen
Vor- und Zubereitungszeit: 35 Minuten

- 200 g bofrost*Luxuskrabben (Grönlandgarnelen)
- 1 Orange
- 2 Tomaten
- 1 TL Zucker
- 2 TL Essig
- 4–8 Chicorée-Blätter
- 1/2 Bund Dill
- 1 Avocado
- 150 g Joghurt
- 2 EL Mayonnaise
- 1 EL Tomatenmark
- 3 Spritzer Tabasco
- Salz
- 1 EL Cognac

Die Luxuskrabben in einem Sieb am besten über Nacht abgedeckt auftauen lassen. 4 Krabben für die Dekoration beiseite legen.

Inzwischen die Orange gut schälen und filetieren. Die einzelnen Spalten in kleine Stücke schneiden. Die Tomaten mit heißem Wasser überbrühen, häuten, das Fruchtfleisch klein würfeln und dabei entkernen. In einer Schüssel Zucker im Essig auflösen.

Die Chicorée-Blätter waschen, abtropfen lassen und beiseite legen. Den Dill waschen, trockenschütteln, Blättchen von den Stielen zupfen und fein hacken. Die Avocado schälen, halbieren, den Stein herauslösen und 4 schöne große Spalten schneiden und beiseite legen. Das restliche Fruchtfleisch klein würfeln.

Joghurt, Mayonnaise, Tomatenmark und Dill mit dem Zucker-Essig-Gemisch glatt verrühren. Dann sämtliche vorbereiteten Zutaten dazugeben und alles gut miteinander vermischen. Den Cocktail mit Tabasco, Salz und Cognac würzen.

Die Chicorée-Blätter aufrecht in vier tiefe Gläser stellen, den Cocktail einfüllen und mit den zurückbehaltenen Krabben und Avocadospalten garniert servieren.

Tipp: Dazu Baguette oder Toast reichen.

Knoblauchgarnelen auf spanische Art

Andreas Dölle *aus Würselen*

Für 4 Personen
Vor- und Zubereitungszeit: 20 Minuten

1 Pck. bofrost*Luxuskrabben (Grönlandgarnelen, 500 g)
2 frische oder getrocknete rote Chilischoten
6–8 Knoblauchzehen
200 ml Olivenöl
Salz, schwarzer Pfeffer aus der Mühle

Die Luxuskrabben in einem Sieb am besten über Nacht abgedeckt auftauen lassen.

Die frischen Chilischoten waschen, längs halbieren, die Kerne und weißen Innenhäute entfernen und das Fruchtfleisch quer in dünne Streifen schneiden. Getrocknete Chilischoten zerbröseln.

Die Knoblauchzehen abziehen und längs vierteln.

Das Olivenöl in einer Pfanne stark erhitzen, Chilistreifen, Knoblauchwürfel und Luxuskrabben hineingeben, leicht salzen und pfeffern und maximal 2 Minuten bei starker Hitze anbraten. Sofort servieren!

Tipp: Dazu ein frisches Baguette reichen.

Vorsicht! *Chilischoten sind sehr scharf; daher unbedingt nach der Verarbeitung die Hände gründlich waschen und nicht mit den Händen an die Augen kommen.*

Krabben-Curry

Frank Nicolai *aus Pforzheim*

Für 3–4 Personen
Vor- und Zubereitungszeit: 1 Stunde

1 Pck. bofrost*Luxuskrabben (Grönlandgarnelen, 500 g)
450 ml Milch
125 g Kokosraspel
6 Knoblauchzehen
75 g Butter
100 g bofrost*Zwiebelwürfel
1 EL Tomatenmark
1/2 TL zerstoßener Kümmel
1/2 TL Ingwerpulver
2 EL Currypulver
1 EL Mehl
100 g Sahne
1 Eigelb
2–4 cl trockener Sherry
ca. 1 TL Zucker
Salz

Die Luxuskrabben in einem Sieb abgedeckt antauen lassen.

Die Milch mit den Kokosraspeln aufkochen lassen, den Topf von der Herdplatte nehmen und ca. 30 Minuten ziehen lassen. Anschließend die Kokosmilch durch ein Sieb abgießen.

Inzwischen die Knoblauchzehen abziehen und in Scheiben schneiden.

Die Butter in einer Pfanne erhitzen und die gefrorenen Zwiebelwürfel und die Knoblauchscheiben darin glasig anschwitzen. Nach 2 Minuten Tomatenmark, Kümmel, Ingwer- und Currypulver dazugeben und bei geringer Hitze zu einer glatten Paste verrühren.

Das Mehl darüber stäuben und mit der Kokosmilch unter Rühren ablöschen. Etwas einköcheln lassen.

Sahne und Eigelb mit einem Schneebesen verquirlen und in die Soße einrühren und den Topf von der Herdplatte ziehen. Mit Sherry, Zucker und Salz würzen und zum Schluss die Luxuskrabben vorsichtig untermischen. Etwa 1 Minute ziehen lassen und dann servieren.

Tipp: Dazu passen Basmati-Reis oder Baguette.
Schneller geht's, wenn man fertig zu kaufende Kokosmilch verwendet.

Feuersoße

Christiane Helmchen *aus Hannover*

Für 4 Personen
Vor- und Zubereitungszeit: 20 Minuten

100 g bofrost*Paprikastreifen
2 EL bofrost*Zwiebelwürfel
5 EL Tomatenketchup
3 EL Öl
1 EL Zitronensaft
1 Prise Zucker
1 Prise Salz
1 EL bofrost*Kräuterprofi „Schnittlauch"
1 EL bofrost*Kräuterprofi „Petersilie"
1 EL bofrost*Kräuterprofi „Kräutermischung"
1 Spritzer Worcestershire-Sauce
1 Spritzer Tabasco

Die Paprikastreifen und Zwiebelwürfel getrennt in Sieben antauen lassen. Dann die Paprika klein schneiden.

Tomatenketchup und Öl zu einer geschmeidigen Masse verrühren. Paprika und Zwiebeln untermischen und alles mit Zitronensaft, Zucker und Salz würzen.

Die gefrorenen Kräuter unterrühren und ca. 5 Minuten ziehen lassen.
Vor dem Servieren mit Worcestershire-Sauce und Tabasco pikant abschmecken.

Tipp: Ideal als Dip mit Brot oder für ein Fleischfondue.

Kräuterbutter

Sylvia Valder *aus Düren*

Für 6 Personen
Vor- und Zubereitungszeit: 20 Minuten
Kühlzeit: 1 Stunde

250 g Butter
1 Knoblauchzehe
1 Pck. bofrost*Kräuterprofi „Kräutermischung" (45 g)
Salz, schwarzer Pfeffer aus der Mühle

Außerdem:
Alufolie

Die Butter bei Zimmertemperatur weich werden lassen. Die Knoblauchzehe abziehen und durch eine Presse drücken.

Die Butter in eine Schüssel oder einen tiefen Teller geben, die gefrorene Kräutermischung und den Knoblauch dazugeben und alles mit einer Gabel zu einer Masse von homogener Konsistenz vermischen. Mit Salz und Pfeffer abschmecken.

Die Kräuterbutter in Alufolie zu einer 20 cm langen Rolle formen; die seitlichen Enden wie bei einem Bonbon fest zusammendrehen. Ca. 1 Stunde kalt stellen.

*Tipp: Dazu passen bofrost*Laugenstangen (zum Selberbacken) oder bofrost*Original italienische Mini-Ciabatta.*

Spinat-Dip

Heike Nolte/Böker *aus Duderstadt*

Für 6 Personen
Vor- und Zubereitungszeit: 10 Minuten
Ruhezeit: 1 Stunde

400 g bofrost*Blattspinat
800 g Schmand
1 Tüte Zwiebelsuppe (Fertigprodukt)
schwarzer Pfeffer aus der Mühle

Den Blattspinat in einem Sieb am besten über Nacht abgedeckt auftauen lassen; danach klein schneiden.

Den Schmand mit dem Zwiebelsuppen-Pulver verrühren. Den Spinat unterrühren und alles mit Pfeffer abschmecken. Vor dem Servieren ca. 1 Stunde ziehen lassen.

Tipp: Ein leckerer Dip, den man mit Crackers, Grissini oder Baguette reichen kann. Auch zu Kurzgebratenem passt er sehr gut.

Chicken-Chili

Angelika Gardiner *aus Hamburg*

Für 6 Personen
Vor- und Zubereitungszeit: 45 Minuten

- 4 bofrost*Hähnchen-Brustfilets, naturbelassen
- 2 Stangen Staudensellerie
- 1 Knoblauchzehe
- 1 Dose Kidney-Bohnen (400 g)
- 1 Dose Kichererbsen (400 g)
- 2 EL Öl
- 150 g bofrost*Zwiebelwürfel
- 2 Dosen stückige Tomaten (à 400 g)
- 100 g bofrost*Mais
- 200 g bofrost*Paprikastreifen
- 1 1/2 TL gemahlener Kreuzkümmel
- 1 1/2 TL Oregano
- 1 TL Chilipulver
- Salz, schwarzer Pfeffer aus der Mühle
- 500 ml Gemüse- oder Hühnerbrühe

Die gefrorenen Hähnchen-Brustfilets auf einen Porzellanteller legen, mit Klarsichtfolie abdecken und am besten über Nacht im Kühlschrank auftauen lassen. Am nächsten Tag mit Küchenkrepp trockentupfen und in ca. 2 cm große Würfel schneiden.

Den Sellerie putzen, waschen und klein schneiden. Die Knoblauchzehe abziehen und durch eine Presse drücken. Bohnen und Kichererbsen jeweils in ein Sieb abgießen und abtropfen lassen.

Das Öl in einem großen Topf erhitzen, die Hähnchenwürfel, die gefrorenen Zwiebeln und den Knoblauch darin von allen Seiten 5 Minuten anbraten.

Sobald das Fleisch leicht gebräunt ist, die Tomatenwürfel samt Flüssigkeit zugeben. Dann den Staudensellerie, den gefrorenen Mais und Paprika sowie die Bohnen und Kichererbsen zufügen und gut miteinander vermischen. Alles aufkochen lassen und mit Kreuzkümmel, Oregano, Chilipulver, Salz und Pfeffer würzen.

Sollte das Chili zu dickflüssig oder zu scharf geraten sein, mit Gemüse- oder Hühnerbrühe nach Geschmack auffüllen. 10 Minuten köcheln lassen, dann heiß servieren.

Tipp: Als Beilagen eignen sich besonders gut ein grüner Salat und Fladenbrot.

Römische Bohnen

Barbara Thomas *aus Kraiburg*

Für 4 Personen
Vor- und Zubereitungszeit: 30 Minuten

8 bofrost*Original italienische Mini-Ciabatta
800 g bofrost*Dicke Bohnen
100 g roh geräucherter italienischer Schinken, z. B. Parmaschinken
60 ml Olivenöl
200 ml Gemüsebrühe
3 EL bofrost* Kräuterprofi „Kräutermischung"
1 EL Bohnenkraut
1 TL Oregano
Salz, schwarzer Pfeffer aus der Mühle

Die Mini-Ciabatta im Backofen bei 200 °C ca. 15 Minuten aufbacken.

Die gefrorenen Bohnen in 10 bis 15 Minuten in kochendem, nicht gesalzenem! Wasser weich garen. In ein Sieb abgießen und abtropfen lassen.

Inzwischen den Schinken in kleine Würfel schneiden und in einer großen beschichteten Pfanne ohne Fettzugabe anbraten. Herausnehmen und beiseite stellen.

Das Olivenöl in der gleichen Pfanne zusammen mit der Gemüsebrühe erhitzen. Bohnen, gefrorene Kräutermischung, Bohnenkraut und Oregano dazugeben und alles etwa 5 Minuten bei geringer Hitze köcheln lassen. Zum Schluss die knusprigen Schinkenwürfel untermischen und mit Salz und Pfeffer abschmecken.

Tipp: Mit den heißen Ciabatta servieren.

Die besten Rezepte unserer Kunden

Suppen & Eintöpfe

Fischsuppe

Charlotte Mache *aus Pöcking*

Für 4–5 Personen
Vor- und Zubereitungszeit: 45 Minuten

600 g bofrost*Kabeljaufilet
250 g bofrost*Lachsfilet
2 große Zwiebeln
2 Tomaten
50 g Sellerie
2–3 Knoblauchzehen
50 g Butter
250 ml trockener Weißwein
0,75–1 l Fleischbrühe
50 g bofrost*Möhren gewürfelt
100 g bofrost*Porree
Salz, schwarzer Pfeffer aus der Mühle
1 Prise Muskat
1 Prise Cayennepfeffer
250 g bofrost*Luxuskrabben (Grönlandgarnelen)
1 TL Oregano
1 TL frisch gehackter Dill

Die gefrorenen Fischfilets auf einen Porzellanteller legen, mit Klarsichtfolie abdecken und am besten über Nacht im Kühlschrank auftauen lassen. Am nächsten Tag kalt abwaschen, mit Küchenkrepp trockentupfen und in ca. 2 cm große Würfel schneiden.

Die Zwiebeln abziehen und in dünne Ringe schneiden. Die Tomaten häuten und würfeln; den Sellerie putzen und in dünne Stifte schneiden. Die Knoblauchzehen abziehen und in Scheiben schneiden.

Die Butter in einer Pfanne erhitzen und die Zwiebeln darin glasig anschwitzen. Mit Weißwein ablöschen, kurz aufkochen und mit der Fleischbrühe aufgießen.

Tomatenwürfel, Selleriewürfel, gefrorene Möhren und Porree in die Suppe geben und mit Salz, Pfeffer, Muskat und Cayennepfeffer abschmecken. Den Knoblauch dazugeben und die Suppe zugedeckt 15 Minuten kochen lassen.

Dann die Fischwürfel dazugeben und 5 Minuten bei geringer Hitze ziehen lassen. Die gefrorenen Luxuskrabben in die Suppe geben und weitere 5 Minuten ziehen lassen. Mit Oregano würzen, mit Salz und Pfeffer abschmecken und mit dem frischen Dill bestreut servieren.

Tipp: Dazu knuspriges Weißbrot und einen trockenen Weißwein reichen.

Südfranzösische Fischsuppe

Rita Voos *aus Völklingen*

Für 8 Personen
Vor- und Zubereitungszeit: 1 Stunde 15 Minuten

ca. 350–400 g bofrost*Rotbarschfilet, naturbelassen
200 g bofrost*Kabeljaufilet, naturbelassen
200 g bofrost*Lachsfilet
2 Kartoffeln, mittelgroß, mehlig kochend
4 rote Paprikaschoten
1 Chilischote
6–8 reife Tomaten
4 Zwiebeln
3–4 Knoblauchzehen
2–3 EL Olivenöl
1 Pck. Safranfäden (0,1 g)
2–3 Lorbeerblätter
2 Gläser Fischfond (à 400 ml)
Salz, schwarzer Pfeffer aus der Mühle
2 cl Pernod
300 g bofrost*Luxuskrabben (Grönlandgarnelen)
1 Bund Dill
8 geröstete Baguettescheiben
4 EL geriebener Parmesan

Die gefrorenen Fischfilets auf einen Porzellanteller legen, mit Klarsichtfolie abdecken und am besten über Nacht im Kühlschrank auftauen lassen. Am nächsten Tag kalt abwaschen, mit Küchenkrepp trockentupfen und alle Filets in ca. 2 cm große Würfel schneiden.

Die Kartoffeln waschen, schälen und vierteln. Paprika- und Chilischoten waschen, halbieren, die weißen Innenhäute und Kerne herausschneiden und das Fruchtfleisch vierteln. Die Tomaten waschen und vierteln. Die Zwiebeln und Knoblauchzehen abziehen und würfeln.

Das Olivenöl in einem großen Topf erhitzen, Zwiebelwürfel und Knoblauch darin glasig anschwitzen und alle vorbereiteten Gemüsezutaten samt Safran und Lorbeerblättern sowie die Rotbarschfilet-Würfel zufügen. Mit dem Fischfond ablöschen und 30 Minuten bei geringer Hitze köcheln lassen.

Sobald die Kartoffeln weich sind, die Lorbeerblätter herausnehmen und die Suppe mit einem Stabmixer pürieren. Mit Salz, Pfeffer und Pernod abschmecken.

Kabeljau- und Lachswürfel und die gefrorenen Luxuskrabben in die Suppe geben und ca. 5 Minuten gar ziehen lassen. Inzwischen den Dill waschen, trockenschütteln, Blättchen von den Stielen zupfen und fein hacken. Die Suppe in vorgewärmten Tellern verteilen, den Dill einstreuen und mit jeweils 1 Scheibe geröstetem Baguette und mit geriebenem Parmesan garniert servieren.

Vorsicht! *Chilischoten sind sehr scharf; daher unbedingt nach der Verarbeitung die Hände gründlich waschen und nicht mit den Händen an die Augen kommen.*

Thai-Suppe

Petra Wudi *aus Kirchroth-Oberzeitldorn*

Für 6 Personen
Vor- und Zubereitungszeit: 45 Minuten

3–4 bofrost*Kabeljaufilets
2 mittelgroße Kartoffeln
1 Knolle Knoblauch (nach Geschmack weniger)
1 l Wasser
30 g bofrost*Zwiebelwürfel
120 g bofrost*Suppengemüse, 10 Sorten
80 g bofrost*Blumenkohl
1 EL Salz
1 TL Pfeffer
1–2 EL gelbe oder rote Currypaste (je nach gewünschter Schärfe)
1 EL Currypulver
2 TL Kurkuma
2 EL Fischsauce (Fertigprodukt)
1 EL Zucker
1 Dose Kokosmilch (400 ml)
2 EL gekörnte Instant-Klare-Fleischbrühe

Die gefrorenen Kabeljaufilets auf einen Porzellanteller legen, mit Klarsichtfolie abdecken und am besten über Nacht im Kühlschrank auftauen lassen. Am nächsten Tag kalt abwaschen, mit Küchenkrepp trockentupfen und in ca. 2 cm große Würfel schneiden.

Die Kartoffeln waschen, schälen und klein würfeln. Knoblauchzehen abziehen und klein hacken.

Das Wasser aufkochen, Kartoffelwürfel, Knoblauch, die gefrorenen Zwiebelwürfel, das gefrorene Suppengemüse und den gefrorenen Blumenkohl sowie Salz und Pfeffer zugeben. Aufkochen und 15 Minuten zugedeckt köcheln lassen; nach 10 Minuten Kochzeit die Kabeljaufilet-Würfel zugeben.

Currypaste und -pulver, Kurkuma, Fischsauce, Zucker und Kokosmilch miteinander verrühren und in die heiße Fischsuppe geben. Weitere 5 Minuten ziehen lassen. Mit der gekörnten Instant-Brühe abschmecken und heiß servieren.

Tipp: Eine gute Suppeneinlage ist Basmati-Reis.
Die exotischeren Gewürze finden Sie alle in einem gut sortierten Asia-Laden.

Curry-Geflügel-Suppe

Iris Ohm *aus Bonn*

Für 12 Personen
Vor- und Zubereitungszeit: 1 Stunde

750 g bofrost*Hähnchen-Brustfilets, naturbelassen
2,5 l Hühnerbrühe
500 g bofrost*Porree
250 g Langkornreis
Salz
400 g bofrost*Babymöhren
100 g Butter
100 g Mehl
4 EL Currypulver
200 g Sahne
Salz, weißer Pfeffer

Die gefrorenen Hähnchen-Brustfilets auf einen Porzellanteller legen, mit Klarsichtfolie abdecken und am besten über Nacht im Kühlschrank auftauen lassen. Am nächsten Tag mit Küchenkrepp trockentupfen. Die Hähnchen-Brustfilets in der Hühnerbrühe 15 Minuten garen, herausnehmen und in ca. 1 cm dicke Scheiben aufschneiden.

Den Porree in einem Sieb am besten ebenfalls über Nacht auftauen lassen. Dann in dünne Scheiben schneiden.

Den Reis in kochendem Salzwasser nach Packungsanleitung garen. In den letzten 5 Minuten der Garzeit die gefrorenen Möhren und die Porreescheiben zufügen und mitgaren lassen. Die Reis-Gemüse-Mischung in ein Sieb abgießen und abtropfen lassen.

Die Butter in einem Topf erhitzen, Mehl mit Currypulver zufügen und darin anrösten lassen; mit der Hühnerbrühe ablöschen und unter Rühren etwas einkochen lassen.

Die Sahne unterrühren und die Suppe mit Salz und Pfeffer abschmecken. Die Reis-Gemüse-Mischung und die Hähnchenbrust-Scheiben in der Suppe 5 Minuten erwärmen. Dann die Suppe sofort servieren.

Mango-Kokos-Garnelensuppe

Anika Schöbel *aus Salzgitter*

Für 4–6 Personen
Vor- und Zubereitungszeit: 40 Minuten

300 g bofrost*Schollenfilet, naturbelassen
400 g bofrost*Porree
2 Knoblauchzehen
1 Mango
2 EL Erdnussöl
1 geh. TL bofrost*Zwiebelwürfel
1 l Fischfond (Fertigprodukt)
200 ml Kokosmilch
200 g bofrost*Luxuskrabben (Grönlandgarnelen)
Salz, weißer Pfeffer
1 TL gemahlener Ingwer
1 EL Sherry

Die gefrorenen Schollenfilets auf einen Porzellanteller legen, mit Klarsichtfolie abdecken und am besten über Nacht im Kühlschrank auftauen lassen. Am nächsten Tag kalt abwaschen, mit Küchenkrepp trockentupfen und in ca. 2 cm große Würfel schneiden.

Den gefrorenen Porree in einem Sieb auftauen lassen; dann in dünne Scheibchen schneiden.

Den Knoblauch abziehen und fein würfeln. Die Mango schälen, das Fruchtfleisch vom Stein abschneiden und in Streifen schneiden.

Das Erdnussöl erhitzen, Knoblauch und die gefrorenen Zwiebelwürfel darin glasig anschwitzen. Mangostreifen und Porreescheiben zugeben und kurz anbraten. Den Fischfond angießen, aufkochen und 2 Minuten kochen lassen.

Die Kokosmilch einrühren, nochmals aufkochen lassen und dann die Hitze reduzieren. Den vorbereiteten Fisch und die gefrorenen Luxuskrabben in die noch kochende Suppe geben und 4 Minuten darin ziehen lassen. Die Suppe mit Salz, Pfeffer, Ingwer und Sherry abschmecken.

Tipp: Als Variation können anstelle der Mango 1/4 Ananas bzw. 1 kleine Dose Ananas verwendet werden. Und anstelle der Scholle kann man auch eine andere Fischsorte, z. B. Rotbarsch, nehmen.

Zuckerschotensuppe **Michael Görg** *aus St. Ingbert*

Für 4 Personen
Vor- und Zubereitungszeit: 40 Minuten

2 Knoblauchzehen
1 l Gemüsebrühe
2–3 EL bofrost*Zwiebelwürfel
400 g bofrost*bo*Erbsen „Petits Pois"
Salz, schwarzer Pfeffer aus der Mühle
1 Prise Zucker
1 Prise Muskat
100 g bofrost*Kaiserschoten
2 Scheiben Toastbrot
100 g Sahne
1 EL bofrost*Kräuterprofi „Petersilie"

Den Knoblauch abziehen und klein würfeln.

Die Gemüsebrühe aufkochen lassen, Knoblauch, die gefrorenen Zwiebelwürfel und 300 Gramm gefrorene Erbsen zugeben und alles aufkochen lassen. Mit Salz, Pfeffer, Zucker und Muskat würzen und 10 Minuten bei geringer Hitze köcheln lassen. Die Suppe mit einem Stabmixer pürieren.

Die gefrorenen Kaiserschoten quer halbieren und mit den restlichen gefrorenen Erbsen in die Suppe geben; weitere 5 Minuten köcheln lassen.

Inzwischen die Toastbrotscheiben klein würfeln und in einer beschichteten Pfanne ohne Fettzugabe rösten. Die Sahne steif schlagen.

Die Suppe in Suppentassen verteilen, jeweils etwas Sahne obenauf setzen und mit den Toastbrotwürfeln und etwas gefrorener Petersilie bestreut servieren.

Maultaschensuppe **Hannelore Hacker** *aus Meinerzhagen*

Für 8 Personen
Vor- und Zubereitungszeit: 50 Minuten

1 EL Margarine
50 g bofrost*Zwiebelwürfel
500 g bofrost*Möhren gewürfelt
250 g bofrost*Suppengrün
1,5 l Gemüsebrühe
1 Pck. bofrost*Kräuterprofi „Kräutermischung" (45 g)
1,5–2 l Rinder- oder Hühnerbrühe
250 g Suppennudeln oder Reis
1 Pck. bofrost*Maultaschen (1000 g)
Salz, schwarzer Pfeffer aus der Mühle

Die Margarine in einem großen Topf erhitzen und die gefrorenen Zwiebel- und Möhrenwürfel darin andünsten. Das gefrorene Suppengrün dazugeben, mit der Gemüsebrühe ablöschen und aufkochen lassen.

Die gefrorene Kräutermischung zufügen und die Rinder- oder Hühnerbrühe dazugießen. Suppennudeln oder Reis dazugeben und die Suppe 20 Minuten kochen lassen.

Jetzt erst die gefrorenen Maultaschen in die Suppe geben, 10 Minuten bei geringer Hitze ziehen lassen und alles mit Salz und Pfeffer abschmecken.

Erbsencremesuppe mit Basilikumsahne

Karin Wattenberg *aus Göttingen*

Für 4 Personen
Vor- und Zubereitungszeit: 25 Minuten

1 Bund Frühlingszwiebeln
1 l Gemüsebrühe
1 Bund Basilikum
1 TL Olivenöl
400 g bofrost*bo*Erbsen extra zart
Salz, weißer Pfeffer
ein paar Spritzer Tabasco
250 g Sahne

Die Frühlingszwiebeln putzen, waschen und in feine Ringe schneiden. Die Gemüsebrühe erhitzen. Das Basilikum waschen, trockenschütteln und die Blättchen fein hacken.

Das Olivenöl in einem Topf erhitzen und die Frühlingszwiebeln darin ca. 1 Minute glasig anschwitzen. Die gefrorenen Erbsen dazugeben, kurz dünsten lassen und dann mit der heißen Brühe ablöschen. 4 Minuten bei geringer Hitze zugedeckt köcheln lassen.

Die Suppe im Topf mit einem Stabmixer pürieren und durch ein feinmaschiges Sieb streichen. Mit Salz, Pfeffer und Tabasco abschmecken.

Die Sahne halb steif schlagen. 2/3 der Sahne unter die Suppe ziehen. Die restliche Sahne mit dem Basilikum vermischen.

Die Erbsencremesuppe in vorgewärmten Tellern verteilen und mit etwas Basilikumsahne garnieren.

Möhrencremesuppe

Sabine Hollemann-Uleer *aus Hildesheim*

Für 3–4 Personen
Vor- und Zubereitungszeit: 45 Minuten

1 mehlig kochende Kartoffel
50 g Butter
50 g bofrost*Zwiebelwürfel
200 g bofrost*Porree
300 g bofrost*Möhren gewürfelt
300 ml Geflügelbrühe
150 g Sahne + 2 EL geschlagene Sahne
Salz, weißer Pfeffer
frischer Kerbel

Die Kartoffel waschen, schälen und klein würfeln.

Die Butter erhitzen und die gefrorenen Zwiebelwürfel darin glasig anschwitzen. Den gefrorenen Porree zugeben und kurz andünsten. Dann die gefrorenen Möhrenwürfel sowie die Kartoffelwürfel zugeben und mit der Geflügelbrühe ablöschen. Aufkochen und bei geringster Hitze zugedeckt 20 Minuten köcheln lassen.

Die Suppe mit einem Stabmixer cremig pürieren und durch ein Sieb in einen Topf abgießen – dabei verbliebene Einlagenreste mit einem Holzlöffel durch das Sieb streichen.

Die Sahne dazugießen und die Suppe 5 Minuten ziehen lassen. Mit Salz und Pfeffer kräftig würzen und die geschlagene Sahne unterziehen. Die Suppe in vorgewärmten Suppentassen anrichten und mit Kerbelblättchen garnieren.

*Tipp: Wem die Suppe zu dickflüssig ist, der kann noch knapp 100 ml Geflügelbrühe zusätzlich dazugeben. Und wer es gehaltvoller möchte, kann zum Schluss Würstchen oder bofrost*Luxuskrabben dazugeben und in der Suppe erwärmen.*

Spargelcremesuppe mit Krabben

Waltraud Berke *aus Dorsten*

Für 4 Personen
Vor- und Zubereitungszeit: 30 Minuten

1/2 Pck. bofrost*Weißer Stangenspargel (500 g)
750 ml Hühnerbrühe
1 Prise Zucker
4 EL Butter
4 EL Mehl
100 g Sahne
Salz, weißer Pfeffer
1 Prise Muskat
2 EL Zitronensaft
100 g bofrost*Luxuskrabben (Grönlandgarnelen)
1 EL bofrost*Kräuterprofi „Schnittlauch"

Den Spargel in einem Sieb antauen lassen. Dann in ca. 2 cm lange Stücke schneiden.

Die Hühnerbrühe mit dem Zucker würzen, aufkochen lassen und die Spargelstücke darin 15 Minuten garen; die Spargelstücke mit einer Schaumkelle herausheben und beiseite stellen.

Die Butter in einem Topf erhitzen, das Mehl einrühren und goldgelb anschwitzen. Die Spargel-Kochbrühe unter Rühren nach und nach zugießen und 5 Minuten köcheln lassen.

Die Flüssigkeit durch ein Sieb in einen anderen Topf abgießen, die Sahne zufügen und erneut aufkochen lassen. Die Suppe mit Salz, Pfeffer, Muskat und Zitronensaft abschmecken.

Die Spargelstücke und die gefrorenen Luxuskrabben in die Suppe geben und ca. 3 Minuten darin erwärmen. Die Suppe in vorgewärmte Tassen füllen und mit etwas gefrorenem Schnittlauch garniert servieren.

Champignoncremesuppe

Kathrin Schlee *aus Braunschweig*

Für 4 Personen
Vor- und Zubereitungszeit: 45 Minuten

2 mittelgroße Zwiebeln
1 Knoblauchzehe
2 EL Butter
60 g Mehl
1 l Gemüsebrühe
500 g bofrost*Rahm-Champignons
200 g Sahne
Salz, schwarzer Pfeffer aus der Mühle
1 Msp. edelsüßes Paprikapulver
1/2 Bund Petersilie

Die Zwiebeln und die Knoblauchzehe abziehen und klein würfeln.

Die Butter erhitzen, beide Zutaten darin in ca. 5 Minuten glasig anschwitzen, mit Mehl bestäuben und dieses unter Rühren kurz anrösten lassen. Mit der Gemüsebrühe ablöschen und weiterrühren, so dass sich keine Klümpchen bilden.

Die gefrorenen Rahm-Champignons dazugeben und 30 Minuten bei geringster Hitze köcheln lassen. Die Sahne dazugeben, mit Salz, Pfeffer und Paprikapulver abschmecken.

Während die Suppe gart, die Petersilie waschen, trockenschütteln, fein hacken und zum Schluss über die Suppe streuen.

Tipp: Noch feiner schmeckt die Suppe mit einem Schuss trockenem Weißwein.

Fruchtige Maissuppe

Andrea Bohmann *aus Cappeln-Tenstedt*

Für 4 Personen
Vor- und Zubereitungszeit: 40 Minuten

500 g bofrost*Hähnchen-Brustfilets, naturbelassen
Salz, schwarzer Pfeffer aus der Mühle
400 g bofrost*Paprikastreifen
100 g bofrost*Porree
4 Pfirsichhälften
30 g Margarine
3 EL Mehl
2 EL Curry
1,5 l Gemüsebrühe
300 g bofrost*Mais
100 g Sahne

Die gefrorenen Hähnchen-Brustfilets auf einen Porzellanteller legen, mit Klarsichtfolie abdecken und am besten über Nacht auftauen lassen. Am nächsten Tag kalt abwaschen, mit Küchenkrepp trockentupfen und in kleine Würfel schneiden. Mit Salz und Pfeffer würzen.

Die Paprikastreifen und den Porree in getrennten Sieben auftauen lassen; dann klein schneiden. Die Pfirsichhälften würfeln.

Die Margarine in einem Topf erhitzen und die Hähnchenwürfel darin 10 Minuten von allen Seiten braten. Herausnehmen und warm stellen.

Im gleichen Topf Paprikastreifen und Porree 10 Minuten dünsten. Mehl und Curry unterrühren und mit der Gemüsebrühe ablöschen. Aufkochen lassen, den gefrorenen Mais, die Pfirsichwürfel und das Fleisch dazugeben und 5 Minuten köcheln lassen. Zum Schluss die Sahne einrühren und nochmals abschmecken.

Karottensuppe

Susanne Zott *aus Kirkel*

Für 4–5 Personen
Vor- und Zubereitungszeit: 25 Minuten

500 ml Fleischbrühe
500 g bofrost*Möhren gewürfelt
250 ml Milch
200 g Schmand
Salz, schwarzer Pfeffer aus der Mühle
2 EL gehackte Petersilie

250 ml Brühe in einem Topf aufkochen und die gefrorenen Möhren darin in ca. 10 Minuten weich kochen. Mit dem Stabmixer fein pürieren.

Die restliche Brühe und die Milch zugeben und die Suppe erneut aufkochen lassen. Vom Schmand 1 Esslöffel abnehmen und den Rest unter die Suppe ziehen. Mit Salz und Pfeffer würzen und, wer möchte, mit Petersilie verfeinern.

Die Suppe in vorgewärmten Tellern anrichten und mit einem Klecks Schmand dekoriert servieren.

Tipp: Als Einlage schmecken die bofrost-Fleischklößchen oder klein geschnittene bofrost*Original schwäbische Maultaschen besonders lecker.*

Sächsische Pilzsuppe

Dieter Lehmann *aus Markkleeberg*

Für 4 Personen
Vor- und Zubereitungszeit: 40 Minuten

500 g Kartoffeln
Salz
60 g Speck
1 EL Öl
1 EL bofrost*Zwiebelwürfel
400 g bofrost* Feinschmecker-Pilzmischung
40 g Mehl
1 l Fleischbrühe
125 g Sahne
100 ml Portwein
schwarzer Pfeffer aus der Mühle
1 EL bofrost*Kräuterprofi „Petersilie"

Die Kartoffeln waschen, in kochendem Salzwasser garen, abgießen, pellen, abkühlen lassen und in Würfel schneiden.

Inzwischen den Speck in kleine Würfel schneiden.

Das Öl in einem Topf erhitzen und den Speck und die gefrorenen Zwiebelwürfel darin 5 Minuten braten. Die gefrorene Pilzmischung dazugeben und kurz mit andünsten lassen.

Das Mehl darüber stäuben, etwas anrösten lassen und mit der Brühe ablöschen. Die Suppe bei geringer Hitze ca. 15 Minuten köcheln lassen, bis die Pilze gar sind.

Die Kartoffelwürfel dazugeben und die Suppe mit der Sahne und dem Portwein verfeinern. Mit Salz und Pfeffer würzen und mit der gefrorenen Petersilie bestreut servieren.

Ofensuppe

Martina Paul *aus Dietenheim*

Für 8 Personen
Vorbereitungszeit: 30 Minuten
Garzeit: 2 Stunden

1 kg Schweinefleisch
Salz, schwarzer Pfeffer aus der Mühle
500 g bofrost*Zwiebelwürfel
300 g bofrost*Champignons in Scheiben
400 g bofrost*bo*Erbsen extra zart
1 Dose Ananaswürfel (425 g)
1 Glas Tomatenpaprika in Streifen (650 g)
250 ml Curryketchup
250 ml Chilisoße
500 g Sahne

Das Schweinefleisch in ca. 2 cm große Stücke schneiden und mit Salz und Pfeffer würzen.

Die Schweinefleischwürfel in einen ofenfesten Topf geben und die restlichen Zutaten der Reihe nach mit der Hälfte des Ananassaftes zufügen. Nicht rühren!

Die Suppe im vorgeheizten Backofen bei 200 °C ca. 2 Stunden garen lassen – bei Bedarf die letzte Stunde mit Alufolie oder einem Deckel verschließen.

Den Topf herausnehmen und jetzt erst die Suppe umrühren und nochmals mit Salz und Pfeffer würzen.

Tipp: Die Suppe schmeckt am besten, wenn sie am Abend vorher zubereitet wird und über Nacht durchziehen kann.

Lumpensuppe

Birgit Speigl *aus Weilerswist*

(Gemüsesuppe mit Hackfleisch)

Für 8–10 Personen
Vor- und Zubereitungszeit: 50 Minuten

6 Knoblauchzehen
3 Mett-Enden (à 100 g)
1 Dose ganze Champignons (850 ml)
2–3 EL Öl
750 g gemischtes Hackfleisch
Salz, schwarzer Pfeffer aus der Mühle
200 g bofrost*Zwiebelwürfel
300 g bofrost*Möhren gewürfelt
500 g bofrost*Porree
1 EL edelsüßes Paprikapulver
1,75 l Wasser
2–3 EL gekörnte Instant-Klare-Fleischbrühe
1 Dose weiße Bohnen (425 ml)
1 Flasche Currysoße (250 ml)
150 g Crème fraîche
1 EL bofrost*Kräuterprofi „Petersilie"

Die Knoblauchzehen abziehen und fein hacken. Die Wurst in Scheiben aufschneiden. Die Pilze in einem Sieb abtropfen lassen.

Das Öl in einer großen Pfanne erhitzen und das Hackfleisch darin in ca. 5 Minuten krümelig braten; mit Salz und Pfeffer würzen, herausnehmen und beiseite stellen.

Wurst, Pilze, gefrorene Zwiebelwürfel und den Knoblauch in die Pfanne geben und 3 Minuten anbraten. Das gefrorene Gemüse zufügen und kurz andünsten. Dann das Hackfleisch untermischen und alles mit Paprikapulver und Pfeffer pikant würzen. Mit dem Wasser ablöschen, aufkochen lassen und die gekörnte Fleischbrühe einrühren. 15 Minuten zugedeckt köcheln lassen.

Die Bohnen in ein Sieb abgießen, kalt abspülen und abtropfen lassen. Etwa 5 Minuten in der Suppe erwärmen. Die Currysoße und Crème fraîche einrühren und aufkochen lassen. Nochmals abschmecken, die gefrorene Petersilie unterziehen und servieren.

*Tipp: Dazu passt ein Bauern- oder Zwiebelbrot oder auch bofrost*Laugenbrezeln.*

Gebundene Gemüsesuppe mit Fleischklößchen

Günter Döring *aus Marburg*

Für 4 Personen
Vor- und Zubereitungszeit: 40 Minuten

1,5 l Wasser
6 TL gekörnte Instant-Gemüsebrühe
200 g bofrost*Blumenkohl
200 g bofrost*Broccoli-Röschen
200 g bofrost*Porree
200 g bofrost*Pariser Karotten
200 g bofrost*bo*Erbsen extra zart
40 bofrost*Fleischklößchen
2 große Kartoffeln
1 EL bofrost*Kräuterprofi „Petersilie"

Das Wasser mit der gekörnten Gemüsebrühe aufkochen. Sämtliche gefrorenen Zutaten, außer der Petersilie, in die Suppe geben und 15 Minuten bei geringer Hitze köcheln lassen.

Inzwischen die beiden Kartoffeln waschen, schälen und raspeln. Die Kartoffelraspel in die Suppe geben und nochmals für 2 bis 3 Minuten aufkochen lassen.

Mit der gefrorenen Petersilie bestreut servieren.

Grüner Frühlingseintopf

Barbara Trampler *aus Poing*

Für 4–6 Personen
Vor- und Zubereitungszeit: 30 Minuten

bofrost*Maultaschen nach Bedarf
1 Zwiebel
150 g frischer Kerbel
1 EL Margarine
1,5 l Gemüsebrühe
150 g bofrost*Junger Spinat
2 EL Schmand
Salz, schwarzer Pfeffer aus der Mühle
2 Msp. Muskat

Pro Person die gewünschte Anzahl Maultaschen auf einen Porzellanteller legen, mit Klarsichtfolie abdecken und am besten über Nacht im Kühlschrank auftauen lassen.

Die Zwiebel abziehen und würfeln. Den Kerbel waschen und in einem Sieb abtropfen lassen.

Die Margarine in einem Topf erhitzen und die Zwiebeln darin glasig anschwitzen. Den Kerbel zugeben, kurz andünsten lassen und die Hälfte der Gemüsebrühe angießen. Aufkochen, den gefrorenen Spinat zugeben und zugedeckt bei mittlerer Hitze 10 Minuten köcheln lassen.

Den Topf vom Herd nehmen und die Suppe mit einem Stabmixer glatt pürieren. Die restliche Brühe angießen, nochmals aufkochen lassen und mit Schmand und den Gewürzen verfeinern.

Anschließend die Maultaschen einlegen und in ca. 10 Minuten gar ziehen lassen.

Feinster Babymöhreneintopf

Irmtraud Obermeyer *aus Espelkamp-Isenstedt*

Für 4 Personen
Vor- und Zubereitungszeit: 45 Minuten

1 Pck. bofrost*Babymöhren (1000 g)
1 l Gemüsebrühe
1 EL Zucker
1 große Zwiebel
100 g Speck
1 Bund frische Kräuter, z. B. Petersilie
4–6 Pellkartoffeln
5 EL Olivenöl
je 1–2 Msp. Gewürzpulver von Curry, Ingwer, Knoblauch und Kümmel
125 g Mascarpone

Die gefrorenen Babymöhren in 100 ml Gemüsebrühe bei mittlerer Hitze in ca. 10 Minuten gar dünsten; mit dem Zucker würzen.

Die Zwiebel abziehen und würfeln. Den Speck ebenfalls würfeln. Die Kräuter waschen, trockenschütteln und fein hacken. Die Pellkartoffeln schälen und würfeln.

Das Olivenöl in einem Topf erhitzen, Zwiebeln und Speck darin anbraten und mit der Gemüsebrühe ablöschen. Aufkochen, sämtliche Gewürze sowie die klein gewürfelten Pellkartoffeln zugeben und 5 Minuten bei geringer Hitze köcheln lassen.

Die Babymöhren zugeben und den Mascarpone und die frischen Kräuter unterrühren.

Tipp: Dazu kann Baguette-Brot und leichter Rosé-Wein gereicht werden. Lässt man den Speck weg, ist diese Suppe ein rein vegetarisches Gericht.

Kartoffelsuppe mit Hackfleischbällchen

Bettina Koch *aus Plettenberg*

Für 4 Personen
Vor- und Zubereitungszeit: 1 Stunde 15 Minuten

Kartoffelsuppe:
750 g Kartoffeln
1 l Gemüsebrühe
75 g durchwachsener Speck
3 Tomaten
1 TL Öl
4 EL bofrost*Zwiebelwürfel
100 g bofrost*Porree
Salz, schwarzer Pfeffer aus der Mühle
1 EL bofrost*Kräuterprofi „Petersilie“

Hackfleischbällchen:
1 altbackenes Brötchen
300 g gemischtes Hackfleisch
1 EL bofrost*Zwiebelwürfel
1 Ei
Salz, schwarzer Pfeffer aus der Mühle

Die Kartoffeln waschen, schälen und würfeln. Die Gemüsebrühe erhitzen. Den Speck klein würfeln. Die Tomaten waschen und klein würfeln.

Für die Hackfleischbällchen das Brötchen in warmem Wasser einweichen.

Das Öl in einem Topf erhitzen und die Speckwürfel darin in ca. 5 Minuten auslassen. Gefrorene Zwiebelwürfel und gefrorenen Porree dazugeben und 5 Minuten dünsten lassen. Mit der heißen Gemüsebrühe ablöschen und die Kartoffelwürfel zufügen. In ca. 20 Minuten weich kochen.

In der Zwischenzeit das Hackfleisch und das eingeweichte und ausgedrückte Brötchen miteinander vermengen. Die gefrorenen Zwiebelwürfel, das Ei und Salz und Pfeffer zufügen und zu einem glatten, feuchten Teig vermischen. Daraus 12 Bällchen formen.

Nach der Garzeit die Kartoffeln in der Suppe mit einem Kartoffelstampfer zerdrücken. Dann die Hackfleischbällchen und Tomatenwürfel dazugeben und die Suppe weitere 10 Minuten bei geringer Hitze ziehen lassen.

Die Suppe nochmals abschmecken und mit der gefrorenen Petersilie bestreut servieren.

Russische Soljanka

Christine Riedel *aus Thiersheim*

Für 6 Personen
Vor- und Zubereitungszeit: 50 Minuten

6 Stück bofrost*Mini-Krakauer
2 Zwiebeln
1 Knoblauchzehe
2 große Gewürzgurken
2 EL Distelöl
1 EL Mehl
500 g bofrost*Paprikastreifen
250 g bofrost*Champignons in Scheiben
500 ml Wasser
1 kl. Flasche Ketchup (250 ml)
1 EL Tomatenmark
1 Prise Zucker
1 TL gekörnte Instant-Gemüsebrühe
Salz, schwarzer Pfeffer aus der Mühle

Die Mini-Krakauer auf einen Porzellanteller legen, mit Klarsichtfolie abdecken und am besten im Kühlschrank auftauen lassen. Dann in Scheiben schneiden.

Zwiebeln und Knoblauch abziehen. Die Zwiebeln in Ringe schneiden, den Knoblauch fein hacken. Die Gewürzgurken in dünne Streifen schneiden.

1 Esslöffel Distelöl in einem Topf erhitzen und die Zwiebeln darin ca. 4 Minuten glasig anschwitzen. Mit dem Mehl bestäuben und unter Rühren etwas anrösten lassen. Dann den Topf vom Herd nehmen.

Das restliche Distelöl in einem weiteren Topf erhitzen und die gefrorenen Paprikastreifen darin 5 Minuten andünsten, danach die gefrorenen Champignons dazugeben und weitere 5 Minuten dünsten. Mit dem Wasser ablöschen und alles 10 Minuten köcheln lassen.

Knoblauch, Gurkenstreifen, Ketchup, Tomatenmark und die Zwiebeln einrühren und die Suppe aufkochen lassen. Mit Zucker und gekörnter Gemüsebrühe würzen und bei Bedarf mit Salz und Pfeffer abschmecken.

Die Mini-Krakauer-Scheiben in die heiße Suppe geben und 10 Minuten bei geringer Hitze ziehen lassen. In vorgewärmten Tellern servieren.

Die besten Rezepte unserer Kunden

Pasta, Reis & Kartoffeln

Spaghetti mit Schinken-Sahne-Soße

Iris Hinternesch *aus Belm*

Für 4 Personen
Vor- und Zubereitungszeit: 35 Minuten

400 g Spaghetti
Salz
150 g gekochter Schinken
1 EL Öl
250 g bofrost*Champignons in Scheiben
100 g bofrost*Zwiebelwürfel
weißer Pfeffer
375 ml Wasser
100 g Sahne
1 TL gekörnte Instant-Gemüsebrühe
150 g bofrost*bo*Erbsen „Petits Pois"
2 EL heller Soßenbinder
2 TL bofrost*Kräuterprofi „Schnittlauch"

Die Spaghetti in ausreichend kochendem Salzwasser nach Packungsanweisung garen, in ein Sieb abgießen und abtropfen lassen.

Den Schinken klein würfeln.

Inzwischen das Öl in einer Pfanne erhitzen und die gefrorenen Champignons darin anbraten. Die Zwiebelwürfel dazugeben und kurz mit andünsten lassen. Mit Salz und Pfeffer würzen.

Wasser und die Sahne dazugießen, die gekörnte Gemüsebrühe einrühren und aufkochen lassen. Dann die gefrorenen Erbsen und den Schinken zufügen und 3 Minuten bei geringer Hitze köcheln lassen.

Den Soßenbinder einrühren und nochmals aufkochen lassen. Mit Salz und Pfeffer abschmecken und mit dem gefrorenen Schnittlauch bestreuen. Die heißen Spaghetti in eine Schüssel geben und gut mit der Soße vermischen.

*Tipp: Anstelle der Erbsen kann auch die gleiche Menge an bofrost*Broccoli-Röschen verwendet werden. Dann erhöht sich allerdings die Garzeit.*

Spaghetti rot-grün

Ulrike Smetsers *aus Königsbach-Stein*

Für 4 Personen
Vor- und Zubereitungszeit: 45 Minuten

- 300 g Spaghetti
- Salz
- 1 Zucchini
- 2 Fleischtomaten
- 1 kleines Bund Bohnenkraut
- 200 g Putenfleisch
- 1 Knoblauchzehe
- 3 EL Olivenöl
- 200 g bofrost*Prinzessbohnen
- 200 g bofrost*Kaiserschoten
- 125 ml Gemüsebrühe
- schwarzer Pfeffer aus der Mühle

Die Spaghetti in kochendem Salzwasser nach Packungsanweisung bissfest garen; in ein Sieb abgießen und abtropfen lassen.

Inzwischen die Zucchini waschen, putzen, halbieren, die Kerne herausschaben und das Fruchtfleisch längs in sehr feine Streifen schneiden.

Die Tomaten waschen, ca. 5 Sekunden in kochendes Wasser geben, abgießen, kalt abschrecken, häuten und würfeln; dabei entkernen.

Das Bohnenkraut waschen, trockenschütteln und die Blättchen abzupfen. Das Putenfleisch in dünne Streifen schneiden. Die Knoblauchzehe abziehen und durch eine Presse drücken.

Das Olivenöl in einer großen Pfanne erhitzen, die Putenfleischstreifen darin 5 Minuten scharf anbraten. Den Knoblauch und die gefrorenen Prinzessbohnen zugeben und 5 Minuten bei mittlerer Hitze mitdünsten lassen.

Dann die Zucchinistreifen hinzufügen und ebenfalls kurz mitdünsten. Zum Schluss die Kaiserschoten dazugeben und 1 weitere Minute schmoren lassen. Die Gemüsebrühe dazugießen, die Tomatenwürfel untermischen, alles nochmals aufkochen lassen und mit Salz und Pfeffer abschmecken.

Die heißen Spaghetti in die Puten-Gemüse-Pfanne mischen und das Bohnenkraut dazugeben.

Spaghetti mit Hähnchenfilets auf Tomatensoße

Doris Liebenau *aus Münster*

Für 4 Personen
Vor- und Zubereitungszeit: 55 Minuten

4 bofrost*Hähnchen-Brustfilets, naturbelassen
1 Zwiebel
1 Knoblauchzehe
1/2 Stange Staudensellerie
5–6 getrocknete, eingelegte Tomaten
1/2 Bund Basilikum
4 EL Olivenöl
schwarzer Pfeffer aus der Mühle
Kräutersalz
100 g bofrost*Champignons in Scheiben
1 Msp. edelsüßes Paprikapulver
1 TL gekörnte Instant-Gemüsebrühe
1 EL Mehl
200–250 ml Wasser
2 EL Tomatenmark
1/2 TL brauner Zucker
2 EL Sahne
400 g Spaghetti
Salz

Die gefrorenen Hähnchen-Brustfilets auf einen Porzellanteller legen, mit Klarsichtfolie abdecken und am besten über Nacht im Kühlschrank auftauen lassen. Am nächsten Tag kalt abwaschen und mit Küchenkrepp trockentupfen.

Zwiebel und Knoblauchzehe abziehen. Die Zwiebel in Ringe schneiden, die Knoblauchzehe durch eine Presse drücken. Den Sellerie putzen, waschen und klein würfeln. Die Tomaten in feine Streifen schneiden. Das Basilikum waschen, trockenschütteln und klein hacken.

3 Esslöffel Olivenöl in einer Pfanne erhitzen. Die Hähnchen-Brustfilets darin von beiden Seiten goldbraun anbraten, mit Pfeffer und Kräutersalz würzen, aus der Pfanne nehmen und warm stellen.

1 weiteren Esslöffel Olivenöl zum Bratensatz geben und erhitzen, die Zwiebeln darin glasig anschwitzen, die gefrorenen Champignons dazugeben und 5 Minuten anbraten. Dann die Selleriewürfel, die Tomatenstreifen und den Knoblauch einrühren. Die Gemüsepfanne mit Paprikapulver und Gemüsebrühe würzen. Das Mehl darüber stäuben, kurz anbräunen lassen und dann mit dem Wasser ablöschen.

Tomatenmark, Zucker und Sahne einrühren und 5 Minuten köcheln lassen. Die Hähnchen-Brustfilets dazugeben und weitere 10 Minuten ziehen lassen.

Inzwischen die Spaghetti in kochendem Salzwasser nach Packungsanweisung garen; in ein Sieb abgießen und abtropfen lassen.

Das Basilikum in die Tomatensoße einrühren, die heißen Spaghetti auf Tellern anrichten und die Hähnchen-Brustfilets mit Soße dazugeben.

Spaghetti mit Pilz-Gorgonzola-Soße

Sabine Schmid *aus Gammertingen*

Für 4 Personen
Vor- und Zubereitungszeit: 30 Minuten

500 g Spaghetti
Salz
2 EL Öl
300 g bofrost*Champignons in Scheiben
200 g Gorgonzola
200 g Sahne
100 ml Milch
1 TL gekörnte Instant-Klare-Fleischbrühe
bunter Pfeffer aus der Mühle
100 g bofrost*Broccoli-Röschen
1 TL bofrost*Kräuterprofi „Schnittlauch"
1 TL bofrost*Kräuterprofi „Petersilie"

Die Spaghetti in kochendem Salzwasser nach Packungsanweisung bissfest garen; in ein Sieb abgießen und abtropfen lassen.

Inzwischen das Öl in einer Pfanne erhitzen, die gefrorenen Champignons zufügen und in ca. 5 Minuten goldbraun braten.

Den Gorgonzola grob würfeln, in einem Topf bei geringer Hitze zusammen mit der Sahne und der Milch schmelzen lassen. Die Champignons untermischen und mit der gekörnten Fleischbrühe und etwas buntem Pfeffer würzen.

Die gefrorenen Broccoli-Röschen in kochendes Salzwasser geben, 5 Minuten garen, herausheben und in einem Sieb abtropfen lassen. Dann zur Pilz-Gorgonzola-Soße geben. Zum Schluss noch den gefrorenen Schnittlauch und die gefrorene Petersilie untermischen und kurz durchschwenken.

Die heißen Spaghetti auf großen Tellern anrichten und mit der Pilz-Gorgonzola-Soße übergießen.

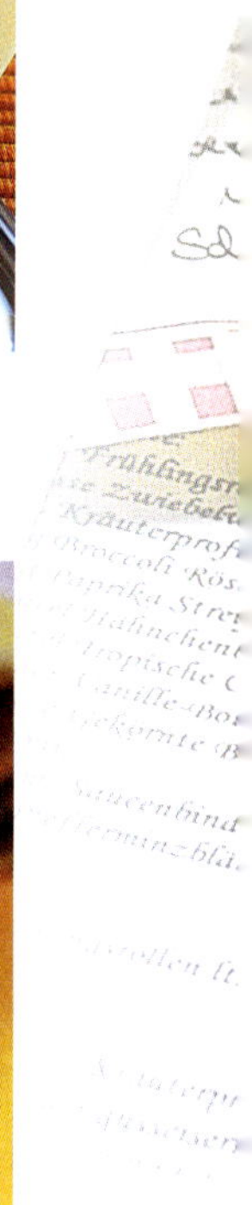

Chinesische Nudelpfanne

Antonia Lanuschni *aus Rattelsdorf*

Für 4 Personen
Vorbereitungszeit: 50 Minuten
Marinierzeit: 30 Minuten

2–3 bofrost*Hähnchen-Brustfilets, naturbelassen (ca. 300 g)
100 ml Sojasoße
250 g Spaghetti
Salz
1 Glas Mungobohnen-Keimlinge (180 g)
1 Glas Bambus-Schösslinge (180 g)
150 g bofrost*Porree
4 EL Olivenöl
150 g bofrost*Champignons in Scheiben
150 g bofrost*Möhren gewürfelt
150 g bofrost*Paprikastreifen
150 g bofrost*bo*Erbsen „Petits Pois"
1/2 TL Fünf-Gewürzepulver
1 TL Chinagewürz
1/2 TL gemahlener Ingwer

Die gefrorenen Hähnchen-Brustfilets auf einen Porzellanteller legen, mit Klarsichtfolie abdecken und am besten über Nacht im Kühlschrank auftauen lassen. Am nächsten Tag kalt abwaschen, mit Küchenkrepp trockentupfen, in 6 bis 7 cm lange und 1/2 cm dicke Streifen schneiden und mit der Sojasoße übergießen; zugedeckt ca. 30 Minuten ziehen lassen. Das Fleisch durch ein Sieb abgießen, dabei die Sojasoße auffangen.

Die Spaghetti in 5 cm lange Stücke brechen, in Salzwasser nach Packungsanweisung bissfest kochen, abgießen und in einem Sieb abtropfen und auskühlen lassen.

Mungobohnen-Keimlinge und Bambus-Schösslinge zusammen in ein Sieb abgießen und abtropfen lassen. Den gefrorenen Porree 5 Minuten in kochendes Salzwasser geben, herausnehmen, in ein Sieb geben, kurz mit kaltem Wasser abbrausen und abtropfen lassen.

2 Esslöffel Olivenöl in einer großen beschichteten Pfanne oder einem Wok erhitzen und das Gemüse darin portionsweise anbraten: erst die gefrorenen Champignons ca. 5 Minuten braten, bis die ausgetretene Flüssigkeit verkocht ist. Dann den Porree, die gefrorenen Möhren und Paprika zugeben und unter gelegentlichem Wenden ebenfalls so lange garen, bis der ausgetretene Saft verkocht ist. Zum Schluss die gefrorenen Erbsen sowie Mungobohnen und Bambus dazugeben und kurz bei großer Hitze anbraten. Sämtliches Gemüse herausnehmen und warm stellen.

1 Esslöffel Öl in die gleiche Pfanne geben und das Fleisch darin 3 bis 4 Minuten unter Rühren anbraten, herausnehmen und zum Gemüse dazugeben. 1 weiteren Esslöffel Öl erhitzen und die Spaghetti darin schwenken. Fleisch und Gemüse dazugeben, die Gewürze und die Sojasoße einrühren, alles gut miteinander vermischen und nochmals durchwärmen.

Bandnudeln mit Schinken-Champignon-Soße

Martina Voigt *aus Borgsdorf*

Für 4 Personen
Vor- und Zubereitungszeit: 45 Minuten

200 g gekochter Schinken
8 Tomaten
2 Knoblauchzehen
100 g Butter
250 g bofrost*Champignons in Scheiben
Salz, schwarzer Pfeffer aus der Mühle
500 g Bandnudeln
1/2 Bund frisches Basilikum
200 g Schmand
150 g frisch geriebener Parmesan

Den Schinken in schmale Streifen schneiden. Die Tomaten heiß überbrühen, häuten, das Fruchtfleisch klein würfeln und dabei die Kerne entfernen. Die Knoblauchzehen abziehen und fein hacken.

Die Butter erhitzen und darin die Schinkenstreifen, die gefrorenen Champignons und den Knoblauch 3 Minuten andünsten. Dann die Tomatenwürfel dazugeben, mit Salz und Pfeffer würzen und alles bei geringster Hitze zugedeckt 10 Minuten dünsten lassen.

Inzwischen die Bandnudeln in kochendem Salzwasser nach Packungsanweisung bissfest garen; in ein Sieb abgießen und abtropfen lassen. Das Basilikum waschen, trockenschütteln und die Blättchen fein hacken.

Die heißen Bandnudeln in eine vorgewärmte Schüssel füllen. Schmand und Basilikum in die Soße einrühren, diese über die Nudeln gießen, gut vermischen und mit Parmesan bestreut servieren.

Bandnudeln mit Blattspinat und Lachs

Brigitta Czesielski *aus Dorsten*

Für 4 Personen
Vor- und Zubereitungszeit: 55 Minuten

400 g bofrost*Lachsfilet
Saft von 1/2 Zitrone
3 Tomaten
2 EL Butter
Salz, weißer Pfeffer
1 EL bofrost*Zwiebelwürfel
100 ml trockener Weißwein
200 g Sahne
450 g bofrost*Blattspinat
400 g Bandnudeln
1 TL bofrost*Kräuterprofi „Knoblauch"
1 Tütchen Safran-Fäden (0,1 g)

Die gefrorenen Lachsfilets auf einen Porzellanteller legen, mit Klarsichtfolie abdecken und am besten über Nacht im Kühlschrank auftauen lassen. Am nächsten Tag kalt abwaschen, mit Küchenkrepp trockentupfen und mit Zitronensaft beträufeln. Die Lachsfilets in ca. 2 cm große Würfel schneiden.

Die Tomaten waschen, vierteln, entkernen und würfeln.

Die Butter in einer Pfanne erhitzen, die Lachswürfel darin kurz von allen Seiten anbraten, mit Salz und Pfeffer würzen, herausnehmen und warm stellen.

Die gefrorenen Zwiebelwürfel in der gleichen Pfanne glasig anschwitzen. Mit Weißwein und Sahne ablöschen, den gefrorenen Blattspinat dazugeben und bei mittlerer Hitze in ca. 20 Minuten auftauen lassen.

Inzwischen die Bandnudeln in kochendem Salzwasser nach Packungsanweisung garen; in ein Sieb abgießen und abtropfen lassen.

Die Spinatpfanne mit Salz, Pfeffer, gefrorenem Knoblauch und dem Safran würzen. Die Tomaten- und Lachswürfel zufügen, nochmals ca. 4 Minuten erhitzen und mit den heißen Bandnudeln auf Tellern anrichten.

Nach Wunsch mit frisch geriebenem Parmesankäse bestreut servieren.

Spargel im Nudelnest

Waltraud Engbarth *aus Geldern-Walbeck*

Für 4 Personen
Vor- und Zubereitungszeit: 50 Minuten

1,2 kg bofrost*Weißer Stangenspargel
Salz
je 125 g Tagliatelle und Tagliatelle verdi
8 Scheiben gekochter Schinken (ca. 200 g)
1 Zwiebel
50 g Butter
250 g bofrost*Champignons in Scheiben
200 ml Weißwein
weißer Pfeffer
1 Prise gemahlener Knoblauch
1 Pck. Sauce hollandaise (250 ml)
1 EL bofrost*Kräuterprofi „Petersilie"

Den gefrorenen Stangenspargel im kochenden Salzwasser 10 Minuten garen. Herausheben, abtropfen lassen und in 2 cm lange Stücke schneiden.

Die Tagliatelle gemeinsam in kochendem Salzwasser nach Packungsanweisung garen; in ein Sieb abgießen und abtropfen lassen.

Den Schinken in dünne Streifen schneiden. Die Zwiebel abziehen und fein hacken.

Die Butter erhitzen, die Zwiebeln und die gefrorenen Champignons darin 5 Minuten anschwitzen, mit dem Weißwein ablöschen und mit Pfeffer und Knoblauch würzen.

Die Sauce hollandaise glatt einrühren, Schinken und Spargel zugeben und 10 Minuten bei geringer Hitze ziehen lassen. Kurz vor dem Anrichten die gefrorene Petersilie unterrühren.

Die heißen Tagliatelle wie Nester auf den Tellern anrichten und die Spargelsoße in die Mitte geben.

Tagliatelle mit Waldpilzen

Kristina Enning *aus Düsseldorf*

Für 4 Personen
Vor- und Zubereitungszeit: 30 Minuten

500 g Tagliatelle
Salz
4 EL Olivenöl
3 EL bofrost*Zwiebelwürfel
1 Pck. bofrost*Feinschmecker Pilzmischung (500 g)
2 EL bofrost*Kräuterprofi „Petersilie"
schwarzer Pfeffer aus der Mühle
50 g geriebener Parmesan

Die Tagliatelle in kochendem Salzwasser nach Packungsanweisung bissfest garen; in ein Sieb abgießen und abtropfen lassen.

Inzwischen das Olivenöl in einer großen Pfanne erhitzen, die gefrorenen Zwiebelwürfel darin glasig anschwitzen. Dann die gefrorene Pilzmischung dazugeben und 10 Minuten dünsten lassen. Zum Schluss die gefrorene Petersilie einrühren und mit Salz und Pfeffer abschmecken.

Die heißen Tagliatelle in die Pilzpfanne geben, alles gut miteinander vermischen und auf vorgewärmten Tellern verteilen. Mit Parmesan bestreut servieren.

Fusilli mit getrockneten Tomaten und Broccoli

Georg und Helga Naumann *aus Burgadelzhausen*

Für 4 Personen
Vor- und Zubereitungszeit: 30 Minuten

400 g Fusilli
Salz
600 g bofrost*Broccoli-Röschen
12 getrocknete, eingelegte Tomaten
4 EL Olivenöl
1 EL Butter
2 TL Majoran
schwarzer Pfeffer aus der Mühle
4 EL geriebener Pecorino

Die Fusilli in reichlich kochendem Salzwasser nach Packungsanweisung bissfest garen; in ein Sieb abgießen und abtropfen lassen.

Die gefrorenen Broccoli-Röschen in kochendes Salzwasser geben, in ca. 6 Minuten weich garen, herausheben und in einem Sieb abtropfen lassen. Dann in mundgerechte Stücke zerkleinern. Die Tomaten in schmale Streifen schneiden.

Öl und Butter in einer Pfanne erhitzen. Die Fusilli darin schwenken, dann die Broccoli-Röschen, die Tomatenstreifen und den Majoran untermischen. In ca. 5 Minuten heiß werden lassen und mit Salz und Pfeffer würzen.

Auf Tellern verteilen und mit Pecorino bestreut servieren.

Tipp: Statt Pecorino kann auch Parmesan verwendet werden.

Penne mit buntem Gemüse

Lieselotte Stier *aus Immenstaad*

Für 4 Personen
Vor- und Zubereitungszeit: 40 Minuten

300 g Penne
Salz
2 Tomaten
1 Knoblauchzehe
50 g gekochter Schinken
1 EL Öl
50 g bofrost*Zwiebelwürfel
100 g bofrost*Champignons in Scheiben
100 g bofrost*Kaiserschoten
500 ml Hühnerbrühe
100 g Mascarpone
schwarzer Pfeffer aus der Mühle
1 Prise Muskat
1 EL frisch gehacktes Basilikum

Die Penne in kochendem Salzwasser nach Packungsanweisung bissfest garen; in ein Sieb abgießen und abtropfen lassen.

Inzwischen die Tomaten waschen, ca. 5 Sekunden in kochendes Wasser geben, herausnehmen, häuten und in Würfel schneiden.

Den Knoblauch abziehen und durch eine Presse drücken. Den Schinken fein würfeln.

Das Öl in einer Pfanne erhitzen, die gefrorenen Zwiebelwürfel, den Knoblauch und die Schinkenwürfel darin 5 Minuten anbraten. Dann die gefrorenen Champignons und Kaiserschoten, die Tomatenwürfel und die Hühnerbrühe dazugeben und alles aufkochen lassen.

Den Mascarpone unterrühren und bei geringer Hitze schmelzen lassen. Mit Salz, Pfeffer und Muskat abschmecken. Die heißen Penne in die Gemüsepfanne geben, alles gut miteinander vermischen und mit Basilikum bestreut servieren.

Spinat-Lachs-Lasagne

Ines Lehmann *aus Gießmannsdorf*

Für 6 Personen
Vorbereitungszeit: 1 Stunde
Backzeit: 40 Minuten
Ruhezeit: 10 Minuten

6 bofrost*Lachsfilets (750 g)
800 g bofrost*Blattspinat
3–4 EL Anislikör (z. B. Pernod)
Salz, weißer Pfeffer
Fett für die Form
200 g Lasagneblätter (ohne Vorkochen)
250 g Ricotta oder Doppelrahm-Frischkäse
100 g geriebener Parmesan
2 Kugeln Mozzarella (à 125 g)

Tomatensoße:
2 Zwiebeln
3 Knoblauchzehen
1 EL Öl
400 g stückige Tomaten
1 TL edelsüßes Paprikapulver
1 TL getrockneter Oregano
1/2 TL Zucker
3 EL Balsamico-Essig

Béchamelsoße:
6 EL Butter
3 EL Mehl
750 ml Milch
1 Prise Muskat
1 Spritzer Zitronensaft

Die gefrorenen Lachsfilets auf einen Porzellanteller legen, den gefrorenen Blattspinat in ein Sieb geben, beides abdecken und am besten über Nacht im Kühlschrank auftauen lassen. Die Lachsfilets am nächsten Tag kalt abwaschen, mit Küchenkrepp trockentupfen und in ca. 1 cm dicke Scheiben schneiden. Mit Anislikör beträufeln und mit Salz und Pfeffer würzen.

Für die Tomatensoße Zwiebeln und Knoblauchzehen abziehen und fein würfeln.

Das Öl erhitzen und Zwiebel- und Knoblauchwürfel darin glasig anschwitzen. Die Hälfte davon herausnehmen und mit dem Spinat in einer Schüssel vermischen; mit Salz und Pfeffer würzen.

Die Tomaten mit Saft zur übrigen Zwiebel-Knoblauch-Mischung gießen und 15 Minuten bei geringster Hitze köcheln lassen. Mit Salz, Pfeffer, Paprikapulver, Oregano, Zucker und Balsamico-Essig würzen.

Für die Béchamelsoße 3 Esslöffel Butter in einem Topf erhitzen. Das Mehl zugeben und unter Rühren 2 bis 3 Minuten anschwitzen. Die Milch nach und nach unter Rühren zugießen und aufkochen lassen. Mit Salz, Pfeffer, Muskat und Zitronensaft abschmecken.

Eine Auflaufform von ca. 18 x 30 cm einfetten, die Hälfte der Tomatensoße hineingießen, mit 1/3 der Lasagneblätter bedecken und die Hälfte des Spinats darauf verteilen. Ricotta oder Frischkäse zerbröckeln und die Hälfte darüber streuen. Mit 1/3 der Béchamelsoße begießen und mit 1 weiteren Schicht Lasagneblätter bedecken.

Auf die Lasagneblätter Béchamelsoße gießen und die Lachsscheiben darauf legen. Die übrige Tomatensoße darauf verstreichen, den restlichen Spinat sowie Ricotta oder Frischkäse einschichten und mit dem letzten Drittel Lasagneblätter bedecken. Mit der restlichen Béchamelsoße bestreichen und mit Parmesan bestreuen. Die übrige Butter in Flöckchen darauf verteilen.

Den Backofen auf 200 °C vorheizen und die Lasagne darin ca. 40 Minuten backen. Die Mozzarella-Kugeln in Scheiben aufschneiden und die Lasagne die letzten 20 Minuten Garzeit damit belegen. Herausnehmen, 10 Minuten ruhen lassen und dann servieren.

Spinat-Knoblauch-Lasagne

Ilona Helck *aus Duisburg*

Für 4–6 Personen
Vorbereitungszeit: 40 Minuten
Backzeit: 30–35 Minuten

1 große Zwiebel
5 Knoblauchzehen
2 EL Margarine
500 g Rinderhackfleisch
500 ml Wasser
2 EL gekörnte Instant-Gemüsebrühe
600 g Schmand
500 g bofrost*Blattspinat
1 Ei
Salz, schwarzer Pfeffer aus der Mühle
1 TL Majoran
15–18 Lasagneblätter (je nach Größe der Auflaufform, ohne Vorkochen)
100–150 g Crème fraîche
150 g geriebener Käse (z. B. Emmentaler)

Die Zwiebel und Knoblauchzehen abziehen und klein würfeln.

1 Esslöffel Margarine in einem Topf erhitzen, das Hackfleisch darin kross anbraten und mit dem Wasser ablöschen. Mit der Gemüsebrühe würzen. Aufkochen lassen.

Unter Rühren den Schmand zugeben und dann den gefrorenen Spinat und die Zwiebel- und Knoblauchwürfel zufügen. Ca. 10 Minuten köcheln lassen, bis der Spinat gänzlich aufgetaut ist.

Das Ei verquirlen, mit Salz, Pfeffer und Majoran würzen und unter die Hackfleisch-Spinat-Masse mischen.

Eine große Auflaufform von ca. 20 x 30 cm mit der restlichen Margarine einfetten und etwas Wasser einfüllen, so dass der Boden knapp bedeckt ist. Die Form mit einer Schicht Lasagneblätter (5 bis 6 Stück) auslegen und 1/3 der Hackfleisch-Spinat-Mischung einfüllen. Mit der nächsten Schicht Lasagneblätter und Füllung so verfahren, bis alles aufgebraucht ist. Die letzte Nudelschicht mit der Crème fraîche bestreichen und mit dem Käse bestreuen.

Im vorgeheizten Backofen bei 200 °C 30 bis 35 Minuten garen. Herausnehmen, kurz ruhen lassen und heiß servieren.

Tipp: Diese Lasagne schmeckt auch ohne Hackfleisch sehr gut, wenn man den Spinatanteil entsprechend erhöht.

Tortellini in Gemüsesoße

Heike Meincke *aus Ratingen*

Für 4 Personen
Vor- und Zubereitungszeit: 40 Minuten

500 g Tortellini (aus der Kühltheke)
Salz
1 EL Öl
2–3 EL bofrost*Zwiebelwürfel
450 g bofrost*Suppengemüse, 10 Sorten
250 ml Gemüsebrühe
200 g Sahne
1–2 EL heller Soßenbinder
weißer Pfeffer
1 geh. EL bofrost*Kräuterprofi „Petersilie"

Die Tortellini in kochendem Salzwasser nach Packungsanweisung bissfest garen, in ein Sieb abgießen und abtropfen lassen.

Inzwischen das Öl in einem Topf erhitzen und die gefrorenen Zwiebelwürfel darin glasig anschwitzen. Das gefrorene Suppengemüse zugeben und 5 Minuten mitdünsten lassen. Mit der Gemüsebrühe ablöschen und 8 Minuten kochen lassen.

Dann die Sahne zugießen, den Soßenbinder einrühren, alles aufkochen lassen und mit Salz und Pfeffer abschmecken. Die Tortellini in den Gemüsetopf geben, alles gut miteinander vermischen und die gefrorene Petersilie unterziehen. Sofort servieren.

Maultaschen in Pfeffer

Marietta Gawert *aus Köln*

Für 2–4 Personen
Vor- und Zubereitungszeit: 45 Minuten

8 bofrost*Original schwäbische Maultaschen
Salz
3 Zwiebeln
1 Knoblauchzehe
1 EL Olivenöl
200 g bofrost*Champignons in Scheiben
1 EL grüne Pfefferkörner aus dem Glas
100 g Sahne
2 EL bofrost*Kräuterprofi „Petersilie“
schwarzer Pfeffer aus der Mühle
1 Schuss Cognac oder Rotwein

Die gefrorenen Maultaschen in kochendem Salzwasser 15 Minuten garen; in ein Sieb abgießen, auskühlen lassen und jeweils in 5 bis 6 Streifen schneiden.

Zwiebeln und Knoblauch abziehen; die Zwiebeln in Ringe schneiden, den Knoblauch durch eine Presse drücken.

Das Olivenöl in einer Pfanne erhitzen und die Maultaschenstreifen darin von allen Seiten anbraten. Zwiebeln und gefrorene Champignons zugeben und weitere 10 Minuten braten.

Dann die Pfefferkörner, Knoblauch, Sahne und gefrorene Petersilie unterrühren und mit Salz und Pfeffer würzen. Die Soße mit Cognac oder Rotwein verfeinern und gleich servieren.

Tipp: Vorsichtig salzen, da die grünen Pfefferkörner bereits salzig sind.

Maultaschen in Tomatensoße überbacken

Anne-Dörte Mittler *aus Wilnsdorf*

Für 2–4 Personen
Vorbereitungszeit: 30 Minuten
Backzeit: 20 Minuten

8 bofrost*Original schwäbische Maultaschen
1 l Fleischbrühe
50 g magerer Speck
5 EL bofrost*Zwiebelwürfel
3 EL Öl
1 Pck. passierte Tomaten (250 g)
2 EL Tomatenmark
2 EL Stärkemehl
60 g Sahne
Salz
1 TL Oregano
Fett für die Form
100 g geriebener Käse (z. B. Emmentaler)

Die gefrorenen Maultaschen in der Brühe 15 Minuten garen, in ein Sieb abgießen – dabei die Brühe auffangen – und abtropfen lassen.

Den Speck klein würfeln und zusammen mit den gefrorenen Zwiebelwürfeln im heißen Öl anbraten. Tomaten und Tomatenmark einrühren und aufkochen lassen. 250 ml der aufgefangenen Maultaschen-Fleischbrühe zugießen und nochmals aufkochen.

Das Stärkemehl in der kalten Sahne glatt anrühren und die Tomatensoße damit binden. Nochmals aufkochen und mit Salz und Oregano würzen.

Eine Auflaufform von ca. 12 x 20 cm einfetten, die abgetropften Maultaschen hineinlegen, mit der Tomatensoße übergießen und mit dem geriebenen Käse bestreuen. Im vorgeheizten Backofen bei 220 °C in ca. 20 Minuten goldgelb überbacken.

Tipp: Dazu passt ein frischer grüner Salat mit Kräuterdressing.

Italienische Maultaschen

Kornelia Kamm *aus Neckarsulm*

Für 4–6 Personen
Vorbereitungszeit: 15 Minuten
Backzeit: 30 Minuten

1 Pck. bofrost*Original schwäbische Maultaschen (1000 g)
250 g Mozzarella
1 Pck. stückige Tomaten (500 g)
1 Pck. pürierte Tomaten (500 g)
1 EL bofrost* Kräuterprofi „Kräutermischung"
1 TL getrockneter Oregano
200 g Sahne
2 EL Crème fraîche
Salz, schwarzer Pfeffer aus der Mühle

Die Maultaschen auf einen Porzellanteller legen, mit Klarsichtfolie abdecken und am besten über Nacht im Kühlschrank auftauen lassen. Den Mozzarella in dünne Scheiben aufschneiden.

Tomatenstücke, pürierte Tomaten, die gefrorene Kräutermischung, Oregano, Sahne und Crème fraîche miteinander verrühren und in einer Auflaufform von ca. 20 x 30 cm verteilen. Die Maultaschen nebeneinander auf die Soße legen und mit den Mozzarellascheiben belegen. Mit Salz und Pfeffer würzen und im vorgeheizten Backofen bei 180 °C ca. 30 Minuten backen.

Tipp: Dazu schmeckt hervorragend ein frischer grüner Salat.

Überbackene Maultaschen

Christine Anthöfer *aus Mühlheim*

Für 2–4 Personen
Vorbereitungszeit: 15 Minuten
Backzeit: 20 Minuten

1–2 EL Butter
8 bofrost*Original schwäbische Maultaschen
50 g bofrost*Zwiebelwürfel
Fett für die Form
150 g saure Sahne
200 g geriebener Gouda

Die Butter in einer Pfanne erhitzen und die gefrorenen Maultaschen und Zwiebelwürfel darin von allen Seiten 10 Minuten anbraten.

Die Maultaschen und Zwiebelwürfel in eine gefettete Auflaufform von ca. 15 x 25 cm legen und die saure Sahne darauf verstreichen. Den geriebenen Gouda darüber streuen und im vorgeheizten Backofen bei 200 °C 15 bis 20 Minuten backen.

Lachsrisotto mit Kaiserschoten und Broccoli-Röschen

Enrike Strößner *aus Würzburg*

Für 4 Personen
Vor- und Zubereitungszeit: 40 Minuten

400 g bofrost*Lachsfilet
1 Schalotte
1 Knoblauchzehe
375 ml Geflügelbrühe
3 EL Olivenöl
250 g Risottoreis (Rundkornreis)
250 ml Weißwein
250 g bofrost*Broccoli-Röschen
4 EL Sahne
250 g bofrost*Kaiserschoten
Salz, schwarzer Pfeffer aus der Mühle
20 g Butter

Das gefrorene Lachsfilet auf einen Porzellanteller legen, mit Klarsichtfolie abdecken und am besten über Nacht im Kühlschrank auftauen lassen. Am nächsten Tag kalt abwaschen, mit Küchenkrepp trockentupfen und in 2 cm große Würfel schneiden.

Schalotte und Knoblauch abziehen und fein würfeln. Die Geflügelbrühe aufkochen lassen.

Das Olivenöl erhitzen, Schalotte, Knoblauch und Reis unter Rühren darin in ca. 5 Minuten glasig andünsten, bis der Reis das Öl aufgesogen hat. Mit dem Weißwein ablöschen. Sobald der Wein vollständig eingekocht ist, die heiße Geflügelbrühe nach und nach unter Rühren zugießen.

Die gefrorenen Broccoli-Röschen zufügen und 10 Minuten mitgaren. Sobald der Reis gar ist, die Sahne einrühren, die gefrorenen Kaiserschoten unterheben und das Risotto mit Salz und Pfeffer würzen.

Die Butter erhitzen und die Lachsstücke darin 8 Minuten auf beiden Seiten anbraten; mit Salz und Pfeffer würzen. Anschließend die Lachsstücke vorsichtig unter das Risotto mischen und bei geringer Hitze kurz durchziehen lassen. Heiß servieren.

Tipp: Wer möchte, kann etwas frisch geriebenen Parmesan darüber streuen.

Pilzrisotto

Christine Zimmermann *aus Marktoberdorf*

Für 3–4 Personen
Vor- und Zubereitungszeit: 45 Minuten

1 Zwiebel
1 Knoblauchzehe
200 g gekochter Schinken
80 g Butter
250 g Risottoreis (Rundkornreis)
250 g bofrost*Feinschmecker-Pilzmischung
100 ml Weißwein
375 ml Fleischbrühe
1 Msp. gemahlener Safran
Salz, schwarzer Pfeffer aus der Mühle
50 g Parmesan am Stück

Zwiebel und Knoblauch abziehen und fein hacken. Den Schinken in kleine Würfel schneiden.

60 Gramm Butter erhitzen, Zwiebel und Knoblauch darin in ca. 5 Minuten glasig anschwitzen, den Reis dazugeben und unter Rühren 5 Minuten anbraten.

Dann die gefrorene Pilzmischung untermischen und mit Weißwein und Fleischbrühe ablöschen. Mit Safran, Salz und Pfeffer würzen und bei geringster Hitze 20 Minuten garen lassen, dabei gelegentlich umrühren.

Inzwischen die Schinkenwürfel in der restlichen Butter anbraten und unter das Risotto mischen. Den Parmesan dünn hobeln, in das Risotto geben und darin schmelzen lassen.

Tipp: Als Beilage ist ein grüner Salat sehr lecker.

Vegetarisches Risotto

Eva Walz *aus Ehingen*

Für 4 Personen
Vor- und Zubereitungszeit: 35 Minuten

1 Zwiebel
1 EL Butter
2 EL Öl
250 g bofrost*Möhren gewürfelt
200 g Langkornreis
500 ml Gemüsebrühe
Salz
1 Prise Zucker
frisch gemahlener weißer Pfeffer
250 g bofrost*bo*Erbsen extra zart
1 Bund glatte Petersilie

Die Zwiebel abziehen und fein hacken.

Butter und Öl in einem Topf erhitzen und die Zwiebel darin glasig anschwitzen. Die gefrorenen Möhren zufügen und unter Rühren 5 Minuten dünsten.

Dann den Reis unterrühren, 1 Minute mitbraten und alles mit der Gemüsebrühe ablöschen. Aufkochen lassen und mit Salz, Zucker und Pfeffer würzen. Das Risotto zugedeckt bei geringer Hitze 20 Minuten garen. 10 Minuten vor Garende die gefrorenen Erbsen untermischen.

Inzwischen die Petersilie waschen, trockenschütteln und fein hacken. Nach der Garzeit unter das Risotto mischen und sofort servieren.

*Tipp: Als Variante können zusätzlich bofrost*Champignons in Scheiben zugefügt werden und schon hat man ein leckeres Gemüse-Pilz-Risotto.*

Scharfes Reisfleisch „Khao Phat"

Petra Scherer *aus Idstein*

Für 6 Personen
Vor- und Zubereitungszeit: 45 Minuten

1 Pck. bofrost*Luxuskrabben (Grönlandgarnelen, 500 g)
250 g Langkornreis
Salz
200 g mageres Schweinefleisch
1 große Zwiebel
1 Knoblauch
2 Tomaten
250 g Frühlingszwiebeln
4 EL Öl
2 TL Chilisoße
3 Eier
1 EL bofrost*Kräuterprofi „Petersilie"

Die Luxuskrabben in einem Sieb abgedeckt antauen lassen; dann mit kaltem Wasser abspülen und abtropfen lassen. Den Reis in kochendem Salzwasser nach Packungsanweisung garen; in ein Sieb abgießen, abtropfen und abkühlen lassen.

Inzwischen das Schweinefleisch in Streifen schneiden. Zwiebel und Knoblauch abziehen; die Zwiebel fein würfeln, den Knoblauch durch eine Presse drücken. Die Tomaten häuten und würfeln. Die Frühlingszwiebeln putzen und in feine Ringe schneiden.

Das Öl im Wok oder in einer großen Pfanne erhitzen, Zwiebelwürfel und Knoblauch darin glasig anschwitzen, dann das Fleisch dazugeben und in wenigen Minuten von allen Seiten anbraten.

Reis, Tomatenwürfel, Chilisoße und ca. 1 Teelöffel Salz zum Fleisch geben und unter Rühren erhitzen. Die Eier verquirlen, unter das Reisfleisch rühren und stocken lassen. Die Frühlingszwiebeln und die Krabben untermischen und mit gefrorener Petersilie bestreut servieren.

Tipp: Sehr lecker schmeckt das Gericht, wenn man es noch zusätzlich mit 1 Teelöffel Shrimps-Paste verfeinert. Anstelle der Petersilie kann man auch frisches Koriandergrün verwenden.

Jambalaya mit Reis

Petra Breitenbach *aus Geislingen a. d. Steige*

Für 8–10 Personen
Vor- und Zubereitungszeit: 50 Minuten

400 g Basmati-Reis
Salz
500 g Staudensellerie
1–2 Chilischoten
1 Dose Ananasringe (850 g)
4 EL Öl
150 g bofrost*Zwiebelwürfel
3–4 EL bofrost*Kräuterprofi „Knoblauch"
1 Pck. bofrost*Paprikastreifen (1000 g)
1 Pck. stückige Tomaten (500 g)
2 EL Tomatenmark
3 EL bofrost*Kräuterprofi „Petersilie"
schwarzer Pfeffer aus der Mühle
1 Prise Cayennepfeffer
1 Prise gemahlene Nelken
1 Pck. bofrost*Luxuskrabben
(Grönlandgarnelen, 500 g)

Den Reis in kochendem Salzwasser nach Packungsanweisung garen; in ein Sieb abgießen und abtropfen lassen.

Inzwischen den Staudensellerie putzen, waschen und in Scheiben schneiden. Die Chilischoten putzen, der Länge nach halbieren, die Kerne und weißen Häutchen entfernen und die Schoten fein hacken.

Die Ananasringe in einem Sieb abtropfen lassen, dabei den Saft auffangen. Dann die Ananasringe klein schneiden.

Das Öl in einer großen Pfanne erhitzen, die gefrorenen Zwiebelwürfel und den gefrorenen Knoblauch darin glasig dünsten und dann den Sellerie, die gefrorenen Paprikastreifen, Chili und Ananas zufügen. Alles bei mittlerer Hitze 5 Minuten dünsten.

Die Tomaten mit Saft und den Ananassaft zugießen; das Tomatenmark und die Hälfte der gefrorenen Petersilie unterrühren. Mit Salz, Pfeffer, Cayennepfeffer und Nelken pikant würzen. Weitere 5 Minuten köcheln lassen.

Die gefrorenen Luxuskrabben zufügen, alles gut miteinander vermischen und weitere 5 Minuten dünsten. Mit dem heißen Reis auf Tellern anrichten und mit der restlichen gefrorenen Petersilie bestreut servieren.

Vorsicht! *Chilischoten sind sehr scharf; daher unbedingt nach der Verarbeitung die Hände gründlich waschen und nicht mit den Händen an die Augen kommen.*

Gestürzter Reis

Ingrid Hakvoort *aus Isselburg*

Für 4 Personen
Vorbereitungszeit: 35 Minuten
Backzeit: 1 Stunde

4 bofrost*Hähnchen-Brustfilets, naturbelassen
Hähnchengewürz
250 g Langkornreis
Salz
250 g Sahne
1 Ei
6 Fleischtomaten
Fett für die Form
250–300 g geräucherter, durchwachsener Speck in dünnen Scheiben
80 g geriebener Käse
einige Butterflöckchen

Die gefrorenen Hähnchen-Brustfilets auf einen Porzellanteller legen, mit Klarsichtfolie abdecken und am besten über Nacht im Kühlschrank auftauen lassen. Am nächsten Tag kalt abwaschen, mit Küchenkrepp trockentupfen und in dünne Streifen schneiden. Mit dem Hähnchengewürz würzen.

Den Reis in kochendem Salzwasser nach Packungsanweisung garen; anschließend in ein Sieb abgießen und abtropfen lassen. Den Reis mit der Sahne und dem Ei mischen.

Die Tomaten häuten und klein würfeln.

Eine ofenfeste Form einfetten und mit den Speckscheiben so auslegen, dass ausreichend Speck über den Rand überlappt, um damit die Form samt Inhalt abzudecken.

Die Hälfte des Reises auf den Speck in die Form geben; dann die Hähnchenstreifen und die Tomatenwürfel darauf verteilen. Den restlichen Reis darüber glatt verstreichen. Mit dem Käse bestreuen und die Butterflöckchen darauf setzen. Den Auflauf mit dem über den Rand hängenden Speck verschließen.

Den Reisauflauf im Backofen auf der mittleren Schiene ca. 1 Stunde bei 180 °C backen, herausnehmen und auf eine Platte stürzen.

Wildreis „romanesco“

Christa Rappl *aus Beratzhausen*

Für 4 Personen
Vor- und Zubereitungszeit: 50 Minuten

250 g Wildreis
1 EL Öl
50 g Sonnenblumen- und Walnusskerne gemischt
500 ml Hühnerbrühe
300 g bofrost*Romanesco-Gemüse-Mix
Salz, schwarzer Pfeffer aus der Mühle
1 TL bofrost*Kräuterprofi „Knoblauch“
1 Msp. gemahlener Safran

Den rohen Wildreis im heißen Öl unter Rühren anbraten. Die Sonnenblumen- und Walnusskerne dazugeben, kurz mit anrösten und dann mit der Hühnerbrühe ablöschen. Ca. 30 Minuten einkochen lassen.

Inzwischen den gefrorenen Romanesco-Gemüse-Mix in einen Topf geben, bei geringer Hitze auftauen lassen und unter den fertigen Wildreis mischen. Mit Salz, Pfeffer und gefrorenem Knoblauch würzen. Nach Belieben 1 Messerspitze Safran dazugeben.

Schwäbische Eierspätzle mit Schinken-Sahne-Soße

Brigitte Herrmann *aus Brokdorf (Elbe)*

Für 4–6 Personen
Vor- und Zubereitungszeit: 35 Minuten

400 g Schwarzwälder Schinken
1 EL Olivenöl
2 EL bofrost*Zwiebelwürfel
200 g bofrost*bo*Erbsen extra zart
200 g bofrost*Champignons in Scheiben
200 g Schmand
200 g Sahne
250 ml Gemüsebrühe
1 kräftiger Schuss Weinbrand
schwarzer Pfeffer aus der Mühle
1 Pck. bofrost*Original schwäbische Eierspätzle (1000 g)
Salz
1 TL bofrost*Kräuterprofi „Schnittlauch"

Den Schinken in kleine Würfel schneiden.

Das Olivenöl in einer Pfanne erhitzen und die gefrorenen Zwiebelwürfel darin glasig anschwitzen. Die Schinkenwürfel zugeben und anbraten, bis sie etwas Farbe angenommen haben.

Die gefrorenen Erbsen und Champignons unterrühren. Ca. 5 Minuten garen, bis das gezogene Wasser nahezu verdampft ist.

Schmand und Sahne einrühren; die Brühe und Weinbrand zugießen. Die Soße 15 Minuten köcheln lassen und mit Pfeffer würzen. Kein Salz zugeben!

Inzwischen die gefrorenen Eierspätzle in kochendem Salzwasser 8 Minuten garen; in ein Sieb abgießen und abtropfen lassen.

Die Soße über die heißen Spätzle gießen, den gefrorenen Schnittlauch untermischen und gleich servieren.

Spinatspätzle mit Schinken-Käse-Soße

Andrea Bahlinger *aus Wolpertshausen*

Für 4 Personen
Vorbereitungszeit: 1 Stunde
Ruhezeit für den Teig: 30 Minuten

300 g bofrost*Junger Spinat
250 g Mehl
3–4 Eier
Salz
1 Prise Muskat
1–2 EL Öl

Soße:
150 g Schinken
30 g Butter
1 TL Mehl
125 ml Weißwein
200 g Sahne
4 EL frisch geriebener Parmesan oder 100 g Blauschimmelkäse
Salz, schwarzer Pfeffer aus der Mühle

Den Spinat in einem Sieb am besten über Nacht abgedeckt auftauen lassen. Den Schinken für die Soße klein würfeln.

Aus Mehl, Eiern, Salz, Muskat, Spinat und evtl. noch etwas Wasser einen weichen Spätzleteig herstellen; ca. 30 Minuten ruhen lassen.

Inzwischen die Butter im Topf schmelzen lassen, die Schinkenwürfel darin anbraten, mit Mehl bestäuben und kurz anrösten lassen. Mit Weißwein und Sahne ablöschen und aufkochen lassen. Den Käse einrühren, bei geringster Hitze in ca. 10 Minuten schmelzen lassen, die Soße salzen und pfeffern.

Mit einer Spätzlepresse aus dem Teig Spätzle in kochendes Salzwasser einpressen, aufkochen lassen, in ein Sieb abgießen und abtropfen lassen. Das Öl in einer Pfanne erhitzen und die Spätzle darin mit wenig Salz schwenken.

Die heiße Soße mit den Spinatspätzle vermischen und gleich servieren.

Deftiges Kartoffelpfännchen

Heike Zehender *aus Schorndorf-Haubersbronn*

Für 4 Personen
Vor- und Zubereitungszeit: 45 Minuten

4 kleine Schweineschnitzel (à 100 g)
1/2 TL rosenscharfes Paprikapulver
Salz, schwarzer Pfeffer aus der Mühle
2 Prisen Muskat
4 EL Butterschmalz
1/2 Pck. bofrost*Bratkartoffeln (1000 g)
500 g bofrost*Paprikastreifen
100 g bofrost*Zwiebelwürfel
300 g bofrost*bo*Erbsen extra zart
250 ml Gemüsebrühe
200 g Sahne-Schmelzkäse
1 EL Speisestärke
1 Pck. bofrost*Schnittlauch (45 g)

Die Schweineschnitzel kalt abwaschen, trockentupfen und in feine Streifen schneiden. Mit Paprikapulver, Salz, Pfeffer und etwas Muskat würzen.

Das Butterschmalz in einer großen Pfanne erhitzen und die gefrorenen Bratkartoffeln darin von beiden Seiten in ca. 10 Minuten knusprig braten. Herausheben und in eine Schüssel geben.

Schnitzel- und gefrorene Paprikastreifen in die Pfanne geben, kurz anbraten und dann die gefrorenen Zwiebelwürfel dazugeben. Alles miteinander vermischen und 5 Minuten unter Rühren braten lassen. Den Pfanneninhalt zu den Bratkartoffeln geben.

Jetzt die gefrorenen Erbsen 1 Minute in der Pfanne dünsten und zu den anderen Zutaten geben.

Die Gemüsebrühe in die Pfanne gießen und den Käse darin unter Rühren schmelzen lassen, so dass keine Klümpchen entstehen. Die Speisestärke glatt einrühren und die Soße mit Salz, Pfeffer und Muskat würzen.

Alle gegarten Zutaten in die Käsesoße geben, gut miteinander vermischen und nach Geschmack nachwürzen. Nochmals 5 Minuten bei mittlerer Hitze schmoren lassen. Kurz vor dem Servieren den gefrorenen Schnittlauch unterziehen.

Kartoffelpuffer mit Porree-Ragout

Heidi Rieger *aus Inzigkofen-Engelswies*

Für 2 Personen
Vorbereitungszeit: 40 Minuten
Backzeit: 8 Minuten

2 EL Öl
6 bofrost*Reibekuchen
400 g bofrost*Porree
200 g bofrost*Champignons in Scheiben
Salz, schwarzer Pfeffer aus der Mühle
125 ml Gemüsebrühe
100 g Sahne
75 g geriebener mittelalter Gouda

Außerdem:
bofrost*Dauer-Backfolie

Das Öl in einer Pfanne erhitzen. Die gefrorenen Reibekuchen darin von beiden Seiten jeweils 2 bis 3 Minuten braten. Herausnehmen und warm stellen.

Den gefrorenen Porree und die gefrorenen Champignons im selben Bratfett 5 Minuten andünsten und mit Salz und Pfeffer würzen. 2 Esslöffel Porree herausnehmen.

Das Porree-Ragout mit Gemüsebrühe und Sahne ablöschen und alles aufkochen lassen; nochmals mit Salz und Pfeffer abschmecken und in 10-15 Minuten etwas einkochen lassen.

2 Reibekuchen auf ein mit Backfolie ausgelegtes Blech legen und die Hälfte des Ragouts darauf verteilen. Mit etwas Gouda bestreuen und mit zwei Reibekuchen abdecken. Darauf das restliche Gemüse verteilen, mit Gouda bestreuen und mit Reibekuchen abschließen. Mit restlichem Gouda und dem beiseite gelegten Porree belegen.

Die Reibekuchen mit Porree-Ragout im vorgeheizten Backofen bei 200 °C ca. 8 Minuten überbacken. Herausnehmen, etwas abkühlen lassen und servieren

Italienische Ofenkartoffeln

Dieter Müller *aus Burbach*

Für 6 Portionen
Vorbereitungszeit: 1 Stunde
Backzeit: 20-25 Minuten

1,5 kg mittelgroße Kartoffeln
(2–3 Kartoffeln pro Person)
Salz
2 EL Olivenöl
50 g bofrost*Zwiebelwürfel
1 Pck. stückige Tomaten mit Kräutern (500 g)
300 g Sahne
50 ml Wasser
100 g Schmelzkäse
2 EL geriebener Parmesan
1 geh. TL Tomatenpesto (Fertigprodukt)
200 g bofrost*Champignons in Scheiben
70 g bofrost*bo*Erbsen „Petits Pois"
1 Prise Cayennepfeffer
schwarzer Pfeffer aus der Mühle
2–3 Spritzer Worcestershire-Soße
150 g Parmaschinken
(pro Kartoffel 1 Scheibe Schinken)

Die Kartoffeln waschen und in kochendem Salzwasser weich garen; anschließend abgießen und pellen.

Das Olivenöl erhitzen, die gefrorenen Zwiebelwürfel darin andünsten, Tomatenstückchen, Sahne und Wasser dazugeben und alles kurz aufkochen lassen. Den Schmelzkäse zufügen und unter Rühren in der heißen Soße in ca. 8 Minuten auflösen.

Parmesan, Pesto, die gefrorenen Champignons und Erbsen hinzufügen und alles gut miteinander vermischen. Zum Schluss mit Cayennepfeffer, Salz, Pfeffer und Worcestershire-Soße abschmecken.

Die Kartoffeln jeweils mit 1 Schinkenscheibe umwickeln und nebeneinander in eine nicht gefettete Auflaufform legen. Die Soße darüber gießen und im vorgeheizten Backofen bei 180 °C 20 bis 25 Minuten backen lassen. Herausnehmen und gleich servieren.

Tipp: Dazu schmeckt gedünstetes Fischfilet und ein leichter Rotwein.

Salbei-Schupfnudeln mit Brechbohnen

Ilse Zermann *aus Villmar*

Für 4 Personen
Vor- und Zubereitungszeit: 30 Minuten

2 Tomaten
2 Zweige frischer Salbei
1 Knoblauchzehe
500 g bofrost*Brechbohnen
4 EL Olivenöl
1/2 Pck. bofrost*Original schwäbische Schupfnudeln (500 g)
2 EL bofrost*Zwiebelwürfel
Salz, schwarzer Pfeffer aus der Mühle

Die Tomaten waschen und klein würfeln. Den Salbei waschen, trockenschütteln, die Blättchen abzupfen und fein hacken. Den Knoblauch abziehen und fein hacken.

Die gefrorenen Brechbohnen 8 Minuten in kochendem Salzwasser garen; in ein Sieb abgießen und abtropfen lassen.

3 Esslöffel Olivenöl in einer großen Pfanne erhitzen und die gefrorenen Schupfnudeln darin von allen Seiten 8 Minuten anbraten. Salbei, Knoblauch und die gefrorenen Zwiebelwürfel zufügen und weitere 4 Minuten dünsten lassen.

Das restliche Olivenöl in einer Pfanne erhitzen und die Brechbohnen und Tomaten darin 5 Minuten schwenken. Anschließend die Salbei-Schupfnudeln unterheben und alles kräftig mit Salz und Pfeffer abschmecken.

Die besten Rezepte unserer Kunden

Gemüse

Zuckerschotengemüse

Gabi Wilms *aus Mönchengladbach*

Für 1 Person
Vor- und Zubereitungszeit: 30 Minuten

30 g Vollkornreis
Salz
1 Knoblauchzehe
1/2 TL Öl
100 g bofrost*Porree
100 ml Gemüsebrühe
100 g bofrost*Kaiserschoten
schwarzer Pfeffer aus der Mühle
2 Scheiben Putenbrustaufschnitt

Den Vollkornreis in kochendem Salzwasser nach Packungsanweisung garen; in ein Sieb abgießen und abtropfen lassen.

Die Knoblauchzehe abziehen und durch eine Presse drücken.

Das Öl in einem Topf erhitzen, den gefrorenen Porree und den Knoblauch darin 10 Minuten andünsten. Mit der Gemüsebrühe ablöschen und aufkochen lassen. Dann die gefrorenen Kaiserschoten dazugeben und 5 Minuten garen.

Den heißen Vollkornreis unterrühren und alles kurz miteinander erwärmen. Mit Salz und Pfeffer würzen. Den Putenbrustaufschnitt mit dem Gemüse auf einem Teller anrichten.

Curry-Möhren-Topf

Kirsten Langwald *aus Hamm*

Für 6–8 Personen
Vor- und Zubereitungszeit: 45 Minuten

400 g fest kochende Kartoffeln
2 EL Öl
500 g Schweinehackfleisch
Salz, schwarzer Pfeffer aus der Mühle
2 EL Currypulver
1 TL Zucker
1/2 Pck. bofrost*Möhren gewürfelt (1000 g)
400 ml Wasser
1 TL bofrost*Kräuterprofi „Knoblauch"

Die Kartoffeln waschen, schälen und in ca. 2 cm große Würfel schneiden.

Das Öl in einem Topf erhitzen und das Schweinehackfleisch darin in ca. 10 Minuten krümelig anbraten. Dann kräftig mit Salz, Pfeffer, Currypulver und Zucker würzen.

Die gefrorenen Möhren unterrühren und mit dem Wasser ablöschen. Die Kartoffelwürfel darüber verteilen (nicht unterrühren!), den Topf mit einem Deckel verschließen und 20 Minuten bei mittlerer Hitze garen lassen.

Den Topf von der Herdplatte nehmen, mit Salz, Pfeffer und gefrorenem Knoblauch würzen und alles gut miteinander vermischen. Heiß servieren.

Tipp: Ein Eintopf, den man gut auf Vorrat kochen kann.

Dicke-Bohnen-Topf

Birgit Schirling *aus Gangelt-Niederbusch*

Für 2-3 Personen
Vorbereitungszeit: 25 Minuten
Garzeit: 35 Minuten

375 g Kartoffeln
1 kleiner Zweig Rosmarin
1 Zwiebel
10 g Butterschmalz
1/4 TL Kümmel
Salz
300 g bofrost*Dicke Bohnen
1 EL Paprikamark
150 ml Gemüsebrühe
100 ml saure Sahne
1/2 EL Mehl
schwarzer Pfeffer aus der Mühle

Kartoffeln waschen, schälen und in schmale Spalten schneiden.

Den Rosmarin waschen, trockenschütteln und die Nadeln vom Stiel abzupfen. Die Zwiebel abziehen und fein würfeln.

Das Butterschmalz in einem Topf erhitzen und die Rosmarinnadeln und den Kümmel darin kurz anbraten. Die Kartoffelspalten dazugeben, mit Salz würzen und von allen Seiten 2 Minuten anbraten.

Zwiebelwürfel und die gefrorenen Dicken Bohnen untermischen und 10 bis 15 Minuten dünsten.

Das Gemüse etwas an den Rand schieben, das Paprikamark in die Topfmitte geben und anrösten lassen. Mit der Gemüsebrühe ablöschen und alles gut miteinander vermischen. Zugedeckt bei schwacher Hitze 30 Minuten garen.

Die saure Sahne mit dem Mehl glatt verrühren und untermischen. Zugedeckt weitere 5 Minuten ziehen lassen, dabei gelegentlich umrühren. Mit Salz und Pfeffer herzhaft abschmecken.

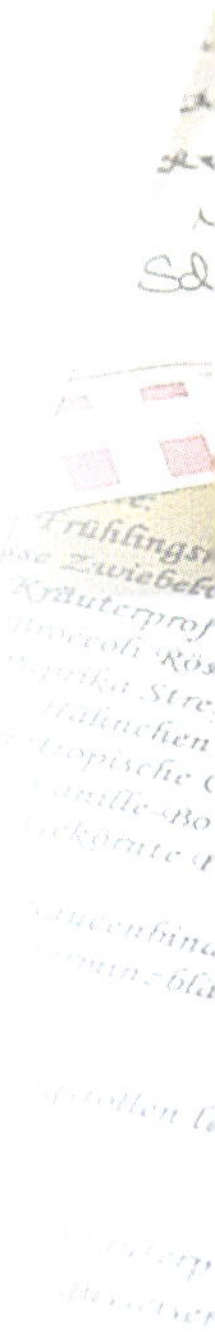

Bohnenschmaus

Renate Buß *aus Henstedt-Ulzburg*

Für 4 Personen
Vor- und Zubereitungszeit: 45 Minuten

10–12 bofrost*Balkan-Röllchen (Cevapcici), vorgebraten
6 EL Olivenöl
250 g Langkornreis
500 ml Gemüsebrühe
4 geh. EL bofrost*Zwiebelwürfel
200 g bofrost*Paprikastreifen
800–1000 g bofrost*Brechbohnen
Salz, schwarzer Pfeffer aus der Mühle
1 EL Bohnenkraut
150 g geriebener mittelalter Gouda

Die Balkan-Röllchen abgedeckt antauen lassen und danach in Scheiben aufschneiden.

Inzwischen 3 Esslöffel Öl in einem großen Topf erhitzen, den Reis darin glasig anbraten und mit der Gemüsebrühe ablöschen. In 15 bis 20 Minuten gar kochen.

Das restliche Öl in einem großen Topf erhitzen, die gefrorenen Zwiebelwürfel und Paprikastreifen unter gelegentlichem Rühren darin andünsten, bis der ausgetretene Saft verdampft ist.

Die Balkan-Röllchen-Scheiben dazugeben und 4 Minuten anbraten. Die gefrorenen Brechbohnen darüber verteilen und unter Rühren in ca. 5 Minuten im Topf auftauen lassen. Den Topf mit einem Deckel verschließen und alles 10 bis 15 Minuten garen.

Den Bohnentopf mit Salz, Pfeffer und Bohnenkraut würzen. Kurz vor dem Servieren den geriebenen Gouda unterziehen.

Den Reis entweder separat dazu reichen oder unter den Bohnentopf mischen.

Dicke Bohnen mit Aprikosen und Käsesoße

Heike Uthmann *aus Warendorf*

Für 4 Personen
Vor- und Zubereitungszeit: 45 Minuten

2 Zwiebeln
150 g roher Schinken
1 Dose Aprikosen (400 g)
1 EL Olivenöl
500 g bofrost*Dicke Bohnen
1 TL Bohnenkraut
Salz, schwarzer Pfeffer aus der Mühle
125 ml Gemüsebrühe
100 g geriebener Gouda
2 EL Crème fraîche

Die Zwiebeln abziehen und fein würfeln. Den Schinken ebenfalls klein würfeln. Die Aprikosen in einem Sieb abtropfen lassen und klein würfeln.

Das Olivenöl in einem Topf erhitzen und die Zwiebel- und Schinkenwürfel darin 2 Minuten anbraten. Die gefrorenen Dicken Bohnen dazugeben und mit Bohnenkraut, Salz und Pfeffer würzen. Mit der Gemüsebrühe ablöschen und 30 Minuten bei geringer Hitze zugedeckt köcheln lassen.

Dann die Dicken Bohnen mit einer Schaumkelle herausheben und beiseite stellen. Geriebenen Gouda und Crème fraîche in die Gemüsebrühe glatt einrühren und die Soße nochmals aufkochen lassen. Die Dicken Bohnen und die Aprikosenwürfel dazugeben, kurz darin warm werden lassen und servieren.

Tipp: Dazu passen hervorragend Pell- oder Salzkartoffeln.

Blumenkohl mit Käsesoße

Bernhard Dehler *aus Coburg*

Für 2-4 Personen
Vorbereitungszeit: 25 Minuten
Garzeit: 15 Minuten

1/2 Pck. bofrost*Blumenkohl (600 g)
Fett für die Form
2 EL Semmelbrösel
20 g Butter

Käsesoße:
60 g Butter
2–3 EL Mehl
125 g Sahne
100 g geriebener Käse
(z. B. Edamer oder Emmentaler)
Salz
1 TL Zitronensaft
1 Prise Muskat

Den gefrorenen Blumenkohl in ca. 500 ml leicht gesalzenem Wasser ca. 6 Minuten garen. Den Blumenkohl in ein Sieb abgießen, dabei das Kochwasser auffangen.

Für die Käsesoße die Butter in einem Topf erhitzen, das Mehl darin hellgelb anschwitzen und mit ca. 250 ml Blumenkohl-Kochwasser ablöschen. Unter Rühren aufkochen lassen, dann die Sahne dazugießen und bei Bedarf mit dem restlichen Blumenkohl-Kochwasser verdünnen.

Die Soße erneut aufkochen lassen, den Käse einrühren und mit Salz und Zitronensaft würzen. Die Soße bei geringer Hitze 5 bis 6 Minuten köcheln lassen. Anschließend mit Muskat abschmecken.

Eine Auflaufform von ca. 16 x 24 cm etwas einfetten, den Blumenkohl darin verteilen und mit der Käsesoße übergießen. Die Semmelbrösel darüber verteilen und mit Butterflöckchen bestreuen.

Den Auflauf im vorgeheizten Backofen bei 180 °C ca. 15 Minuten garen, bis die Semmelbrösel goldbraun sind.

Tipp: Dazu passt sehr gut Baguette, Weißbrot oder Sesamfladenbrot.

Tortilla

(Gemüseomelett)

Monika Stegmann *aus Wunstorf*

Für 2-4 Personen
Vor- und Zubereitungszeit: 30 Minuten

2 EL Olivenöl
400 g bofrost*Bratkartoffeln
200 g bofrost*Broccoli-Röschen
200 g bofrost*Champignons in Scheiben
3 Eier
150 ml Milch
Salz, schwarzer Pfeffer aus der Mühle
1/2 TL Knoblauchpulver
1 EL frischer Schnittlauch

Das Olivenöl in einer Pfanne erhitzen und die gefrorenen Bratkartoffeln darin 10 Minuten anbraten. Dann die gefrorenen Broccoli-Röschen und Champignons zugeben und ca. 5 Minuten mitdünsten, bis das ausgetretene Wasser verdunstet ist.

Eier und Milch mit einem Schneebesen verquirlen und mit Salz, Pfeffer und Knoblauchpulver würzen.

Die Eimasse über die Bratkartoffel-Gemüse-Pfanne gießen und bei geringer Hitze ca. 10 Minuten stocken lassen.

Mit frischem Schnittlauch garniert servieren.

Eierfrikassee

Karin Ochs *aus Körle*

Für 4 Personen
Vor- und Zubereitungszeit: 40 Minuten

8 Eier
200 g bofrost*Weißer Stangenspargel
Salz
30 g Butter
200 g bofrost*Champignons in Scheiben
35 g Mehl
500 ml Gemüsebrühe
1 Spritzer Zitronensaft
1 Eigelb
2 EL Sahne
Kapern nach Belieben

Die Eier hart kochen; dann kalt abschrecken, pellen und vierteln.

Den gefrorenen Stangenspargel in kochendem Salzwasser 10 Minuten garen; herausnehmen, kalt abschrecken und in Stücke schneiden.

10 Gramm Butter in einer Pfanne erhitzen und die gefrorenen Champignons darin 10 Minuten dünsten.

Die restliche Butter in einem Topf erhitzen, das Mehl darin anschwitzen, mit der Gemüsebrühe ablöschen und mit Salz und Zitronensaft abschmecken.

Eigelb und Sahne verrühren und die Soße damit binden.

Champignons, Spargelstücke, Eier und Kapern in die Soße geben und ca. 10 Minuten darin ziehen lassen.

Tipp: Dazu passt sehr gut ein Risotto.

Thailändisches pfannengerührtes Gemüse

Antje Derendorf *aus Wiesloch*

Für 4 Personen
Vor- und Zubereitungszeit: 40 Minuten

200 g bofrost*Broccoli-Röschen
150 g bofrost*Prinzessbohnen
200 g Chinakohl
300 g kleine Frühlingsmöhren
3 Frühlingszwiebeln
5 Knoblauchzehen
200 g Mini-Maiskölbchen
5 EL Öl
3 EL Fischsoße (Asia-Laden)
1 EL Austernsoße (Asia-Laden)
1 EL Zucker
4 EL Reiswein (Asia-Laden)

Die Broccoli-Röschen und Prinzessbohnen in getrennten Sieben antauen lassen.

Inzwischen Chinakohl, Möhren und Frühlingszwiebeln putzen und waschen. Den Chinakohl klein zupfen, die Möhren der Länge nach vierteln und die Viertel quer halbieren. Die Frühlingszwiebeln der Länge nach halbieren und in etwa 3 cm lange Stücke schneiden.

Den Knoblauch abziehen und fein hacken. Von den Mini-Maiskölbchen die Enden abschneiden und die Kölbchen halbieren.

Das Öl in einem Wok (oder einer großen Pfanne) erhitzen und den Knoblauch darin bei starker Hitze 1 Minute anbraten.

Broccoli, Prinzessbohnen, Möhrenstücke und Maiskölbchen dazugeben und unter Rühren 2 Minuten bei starker Hitze scharf anbraten. Dann Frühlingszwiebelstücke und Chinakohl untermischen und alles mit Fisch- und Austernsoße und Zucker würzen.

Das Gemüse mit dem Reiswein ablöschen und ca. 1 Minute bei mittlerer Hitze unter ständigem Rühren weiterbraten – das Gemüse soll gar, aber noch bissfest sein.

Tipp: Zum pfannengerührten Gemüse servieren Sie am besten Basmati-Reis.

Mediterrane Gemüsepfanne

Andrea Raach-Pütsch *aus Salmtal*

Für 4 Personen
Vor- und Zubereitungszeit: 55 Minuten

1 Aubergine
2 kleine Zucchini
3 EL Öl
400 g bofrost*Paprikastreifen
250 g bofrost*Champignons in Scheiben
10–15 bofrost*Broccoli-Röschen
200 ml Geflügelbrühe
Salz
1 Gemüsezwiebel
2–3 Knoblauchzehen
500 g gemischtes Hackfleisch
schwarzer Pfeffer aus der Mühle
1 Dose Tomaten (400 g)
100 g Sahne

Aubergine und Zucchini putzen, waschen und in Scheiben schneiden.

2 Esslöffel Öl in einer Pfanne erhitzen, Auberginen- und Zucchinischeiben sowie alle gefrorenen Gemüse zugeben und 5 Minuten anschwitzen. Die Geflügelbrühe und 1/2 Esslöffel Salz zugeben und 15 Minuten garen.

Inzwischen die Zwiebel und die Knoblauchzehen abziehen und fein würfeln. Das restliche Öl in einer anderen Pfanne erhitzen und die beiden Zutaten darin glasig anschwitzen. Das Hackfleisch zufügen, krümelig braten und mit Salz und Pfeffer würzen.

Die Tomaten mit dem Saft mit einem Stabmixer pürieren, salzen und pfeffern und mit der Sahne verfeinern.

Das Gemüse und die Tomaten-Sahne-Soße zum Hackfleisch geben und 15 Minuten bei geringer Hitze fertig garen.

*Tipp: Dazu passen die bofrost*Original schwäbischen Eierspätzle.*

Pilaw mit Gemüse und frischer Petersilie

Eva Müller-Brase *aus Böblingen*

Für 4-6 Personen
Vorbereitungszeit: 25 Minuten
Garzeit: 35 Minuten

4 Tomaten
1 Stange Staudensellerie
1 Zwiebel
2 große Knoblauchzehen
1 EL Olivenöl
1/2 getrocknete Chilischote
250 g Langkornreis
1/2 Pck. bofrost*Dicke Bohnen (500 g)
750 ml Gemüsebrühe
3 EL Rosinen
3 EL Pinienkerne
Salz, schwarzer Pfeffer aus der Mühle
1/2 TL gemahlener Kreuzkümmel
2 EL frisch gehackte Petersilie

Tomaten und Staudensellerie putzen, waschen und klein würfeln. Zwiebel und Knoblauch abziehen und fein hacken.

Das Olivenöl in einer Pfanne erhitzen und Zwiebeln und Knoblauch darin glasig anschwitzen. Die Chilischote zerkrümeln und dazugeben. Dann den Reis und die gefrorenen Dicken Bohnen hinzufügen und mit der Gemüsebrühe ablöschen. Alles gut miteinander vermischen und aufkochen lassen.

Nach 10 Minuten Sellerie- und Tomatenwürfel, Rosinen und Pinienkerne zufügen und mit Salz, Pfeffer und Kreuzkümmel würzen. Zugedeckt bei geringer Hitze ca. 20 Minuten ziehen lassen, bis der Reis gar ist.

Den Pilaw auf Tellern anrichten und mit der Petersilie bestreut servieren.

Vorsicht! *Chilischoten sind sehr scharf; daher unbedingt nach der Verarbeitung die Hände gründlich waschen und nicht mit den Händen an die Augen kommen.*

Schnelles Pilzgulasch

Wolfgang Wolthaus *aus Dorsten*

Für 4 Personen
Vor- und Zubereitungszeit: 40 Minuten

1 Zwiebel
1/2 Bund Petersilie
2 EL Butter
2 Pck. bofrost*Feinschmecker-Pilzmischung (à 500 g)
125 ml Gemüsebrühe
1 EL Mehl
150 g Crème fraîche
Salz, schwarzer Pfeffer aus der Mühle
1 EL Zitronensaft

Die Zwiebel abziehen und fein würfeln. Die Petersilie waschen, trockenschütteln und fein hacken.

1 Esslöffel Butter in einer großen Pfanne erhitzen und die Zwiebelwürfel darin bei schwacher Hitze glasig anbraten. Die gefrorene Pilzmischung zugeben und unter ständigem Rühren 10 Minuten braten. Die Gemüsebrühe zugießen und einmal aufkochen lassen.

Das Mehl mit der restlichen Butter verkneten, die Mehlbutter unter die Pilze mischen und nochmals aufkochen. Zugedeckt bei schwacher Hitze 5 Minuten garen.

Die Crème fraîche untermischen und noch einmal alles aufkochen. Das Pilzgulasch mit Salz, Pfeffer und Zitronensaft abschmecken und auf vorgewärmten Tellern verteilen. Mit Petersilie bestreut servieren.

*Tipp: Dazu passen bofrost*Semmelknödel.*

Vegetarische Pilzpfanne auf Vollwert-Gemüse-Puffern

Jan Lindenkamp *aus Lübeck*

Für 4 Personen
Vor- und Zubereitungszeit: 30 Minuten

12–16 Stück bofrost*Vollwert-Gemüse-Puffer
100 g bofrost*Porree
2 EL Pflanzenöl
3–4 EL bofrost*Zwiebelwürfel
100 g bofrost*Möhren gewürfelt
1 Pck. bofrost*Feinschmecker-Pilzmischung (500 g)
250 ml Milch
250 g Sahne
Salz, schwarzer Pfeffer aus der Mühle
2 EL bofrost*Kräuterprofi „Schnittlauch"
2 EL bofrost*Kräuterprofi „Petersilie"

Außerdem:
bofrost*Dauer-Backfolie

Die gefrorenen Vollwert-Gemüse-Puffer nebeneinander auf der Backfolie auslegen und im vorgeheizten Backofen bei 180 °C 10 bis 15 Minuten bis zum gewünschten Bräunungsgrad garen. Im Backofen warm halten.

Inzwischen den Porree in einem Sieb antauen lassen; dann halbieren.

Das Pflanzenöl in einer Pfanne erhitzen und die gefrorenen Zwiebelwürfel darin in ca. 5 Minuten glasig anschwitzen. Die gefrorenen Möhren und den Porree zugeben und leicht anbräunen. Die gefrorene Pilzmischung dazugeben und kräftig braten, bis der ausgetretene Saft verdampft ist.

Die Pilzpfanne mit Milch und Sahne ablöschen und bei geringer Hitze in ca. 10 Minuten einkochen lassen. Mit Salz und Pfeffer kräftig würzen und die gefrorenen Kräuter unterziehen. Die Pfanne sofort von der Herdplatte nehmen.

Die Pilzpfanne auf den Vollwert-Gemüse-Puffern anrichten und servieren.

Gemüsestrudel

Marille Linhuber *aus Rechtmehring*

Für 4 Personen
Vorbereitungszeit: 30 Minuten
Backzeit: 45 Minuten

1/2 Pck. bofrost*Blätterteig (500 g)
Mehl für die Arbeitsfläche
2 Eigelbe
1/2 Stange Lauch (oder 1 Zwiebel)
400 g bofrost*Gemüse-Mix „Fantastico"
100 g geriebener Käse (z. B. Emmentaler)
1 EL gekörnte Instant-Gemüsebrühe
Salz, schwarzer Pfeffer aus der Mühle

Außerdem:
bofrost*Dauer-Backfolie

Den Blätterteig auf einer leicht bemehlten Arbeitsfläche auftauen lassen; danach zu einer großen Platte zusammenlegen, die Ränder mit dem verquirlten Eigelb bestreichen, gut zusammendrücken und ausrollen.

Den Lauch putzen, waschen, in schmale Streifen schneiden und mit dem gefrorenen Gemüse-Mix und dem geriebenen Käse vermischen. Mit gekörnter Brühe, Salz und Pfeffer würzen.

Die Gemüse-Käse-Mischung gleichmäßig auf dem Blätterteig verteilen und zu einem Strudel aufrollen.

Den Strudel auf ein Backblech mit Backfolie legen und im vorgeheizten Backofen bei 200 °C ca. 45 Minuten backen lassen. Herausnehmen und in Scheiben aufschneiden.

Spinatstrudel

Walburga Wittner *aus Ingolstadt*

Für 4-6 Personen
Vorbereitungszeit: 40 Minuten
Backzeit: 35–40 Minuten

1 Pck. bofrost*Blattspinat (1200 g)
2 Platten bofrost*Blätterteig
Mehl für die Arbeitsfläche
150 g Schalotten
4 EL Butter
1 EL bofrost*Kräuterprofi „Knoblauch"
60 g Pinienkerne
300 g Feta
2 EL bofrost*Kräuterprofi „Petersilie"
Salz, schwarzer Pfeffer aus der Mühle
2 Prisen Muskat
1 TL Kreuzkümmel
2 Eier
200 g Sahne
1–2 Msp. Chilipulver
100 g zerlassene Butter
50 g Sesamsaat

Den Spinat in einem Sieb am besten über Nacht abgedeckt auftauen lassen. Den Blätterteig auf einer leicht bemehlten Arbeitsfläche auftauen lassen; dann auf einem Küchentuch zu einer Platte zusammenlegen und etwas ausrollen. Die Schalotten abziehen und klein würfeln.

Die Butter erhitzen und die Schalottenwürfel und den gefrorenen Knoblauch darin andünsten. Den Spinat zugeben und zugedeckt 5 Minuten bei geringer Hitze garen. Den Deckel abnehmen und solange weitergaren, bis die Flüssigkeit vollständig verkocht ist. Den Topf vom Herd nehmen und den Spinat etwas abkühlen lassen.

Die Pinienkerne in einer beschichteten Pfanne ohne Fettzugabe anrösten. Den Feta klein würfeln und zusammen mit den Pinienkernen und 1 Esslöffel gefrorener Petersilie unter den Spinat mengen. Mit Salz, Pfeffer, Muskat und Kreuzkümmel pikant abschmecken.

Eier und Sahne mit einem Schneebesen verquirlen und mit Salz, Pfeffer, Muskat, der restlichen Petersilie und Chilipulver würzen.

Eine Auflaufform oder ein Backblech mit 1/3 der zerlassenen Butter einstreichen. Den Blätterteig mit einem weiteren Drittel der zerlassenen Butter bestreichen. Die Spinatmasse auf das untere Drittel der Teigplatte verteilen. Mit Hilfe des Küchentuchs aufrollen. Die seitlichen Enden einschlagen und den Strudel in die Auflaufform legen. Mit der restlichen zerlassenen Butter bestreichen, mit der Eier-Sahne-Mischung übergießen und mit Sesam bestreuen. Den Strudel im vorgeheizten Backofen bei 200 °C 35 bis 40 Minuten goldbraun backen.

Spinattörtchen

Regina Herold *aus Lichtenfels-Stetten*

Für 10 Törtchen
Vorbereitungszeit: 40 Minuten
Backzeit: 20 Minuten

750 g mehlig kochende Kartoffeln
Salz
1 Zwiebel
1 Knoblauchzehe
125 g alter Gouda
65 g Butter
300 g bofrost*Blattspinat
2 EL Crème double
weißer Pfeffer
Muskat
2 Eigelbe

Außerdem:
bofrost*Dauer-Backfolie

Die Kartoffeln waschen, schälen und in Salzwasser kochen. Danach in ein Sieb abgießen, ausdampfen lassen und durch die Presse drücken.

Inzwischen Zwiebel und Knoblauch abziehen und fein würfeln. Den Gouda reiben.

30 Gramm Butter erhitzen, Zwiebel- und Knoblauchwürfel darin glasig anschwitzen, den gefrorenen Spinat zufügen und in ca. 10 Minuten auftauen lassen. Dann mit der Crème double verfeinern und mit Salz, Pfeffer und Muskat abschmecken.

Das Kartoffelpüree etwas abkühlen lassen, mit 20 Gramm Butter, den Eigelben und 100 Gramm geriebenem Gouda vermischen und mit Salz, Pfeffer und Muskat würzen. Das Kartoffelpüree in einen Spritzbeutel füllen und spiralförmig zu Talern von 8 cm Ø auf ein Blech mit Backfolie aufspritzen. Zum Schluss einen Rand aufspritzen.

Den Spinat in die Mitte füllen und mit dem restlichen Gouda bestreuen. Die Spinattörtchen mit der übrigen, zerlassenen Butter bepinseln und im vorgeheizten Backofen bei 220 °C ca. 20 Minuten backen, bis sie schön gebräunt sind. Warm servieren.

Zuckerschoten mit Pilzen

Ortrud Petersen *aus Bobenheim am Berg*

Für 2 Personen
Vor- und Zubereitungszeit: 30 Minuten

2 Frühlingszwiebeln
2 EL Öl
150 g bofrost*Champignons in Scheiben
250 g bofrost*Kaiserschoten
125 g Sahne
Salz, schwarzer Pfeffer aus der Mühle
1 EL gekörnte Instant-Gemüsebrühe
2 EL frisch gehackte Petersilie

Die Frühlingszwiebeln putzen, waschen und in feine Ringe schneiden.

Das Öl in einer Pfanne erhitzen und die Frühlingszwiebeln darin 3 Minuten anschwitzen. Dann die gefrorenen Champignons und Kaiserschoten dazugeben und weitere 5 Minuten dünsten lassen.

Die Sahne einrühren und das Gemüse mit Salz, Pfeffer und der gekörnten Gemüsebrühe würzen. Noch mal aufkochen lassen und mit der frisch gehackten Petersilie bestreut servieren.

Tipp: Dazu Baguettebrot oder Glasnudeln reichen.

Gemüsepudding

Inge Steinel *aus Linden*

Für 4-6 Personen
Vorbereitungszeit: 45 Minuten
Garzeit: 1 1/2–2 Stunden

8 große Weißkraut- oder Wirsingblätter
1 Brötchen
400 g gemischtes Hackfleisch
40 g bofrost*Zwiebelwürfel
1 EL bofrost*Kräuterprofi „Petersilie"
1 Ei
Salz, weißer Pfeffer
Fett für die Form
200 g bofrost*bo*Erbsen, extra zart
200 g bofrost*Möhren gewürfelt
100 g bofrost*Brechbohnen
100 g bofrost*Weißer Stangenspargel
100 g bofrost*Broccoli-Röschen
100 g bofrost*Blumenkohl

Die Weißkraut- oder Wirsingblätter in einen Topf geben, mit Wasser bedecken und aufkochen lassen. Sofort herausnehmen, kalt abbrausen und auf einem Küchenhandtuch glatt auslegen.

Das Brötchen in Wasser einweichen, dann ausdrücken und klein zupfen.

Hackfleisch, die gefrorenen Zwiebelwürfel, die gefrorene Petersilie, Brötchenstücke, Ei, Salz und Pfeffer zu einem würzigen Fleischteig vermischen.

Eine Terrinenform einfetten und mit den Weißkraut- oder Wirsingblättern auslegen.

Die gefrorenen Gemüse in einer Schüssel vermischen. Die Hälfte davon in die Terrinenform geben und mit dem Fleischteig bedecken. Das restliche Gemüse darauf legen und in die Form drücken.

Die Terrinenform in ein kochendes Wasserbad stellen und 1 1/2 bis 2 Stunden zugedeckt bei geringer Hitze garen lassen. Danach den Gemüsepudding aus der Terrinenform stürzen und aufschneiden.

Tipp: Salzkartoffeln mit Béchamelsoße dazu reichen.

Rosenkohlragout in Paprikarahm

Susanne Ratzke *aus Vierden-Ippensen*

Für 4–6 Personen
Vor- und Zubereitungszeit: 55 Minuten

750 g fest kochende Kartoffeln
Salz
750 g bofrost*Rosenkohl-Röschen
4 Tomaten
2 Zwiebeln
30 g Butter
30 g Mehl
1 TL edelsüßes Paprikapulver
125 ml Gemüsebrühe
500 ml Tomatensaft
100 g Schmand oder Crème fraîche
weißer Pfeffer
1/2 Bund Petersilie

Die Kartoffeln waschen und in reichlich Salzwasser zugedeckt 20 Minuten kochen lassen. In ein Sieb abgießen, kalt abschrecken, pellen und vierteln.

Inzwischen 250 ml Salzwasser aufkochen lassen, die gefrorenen Rosenkohl-Röschen zugeben und zugedeckt 10 Minuten garen. Danach abgießen, dabei das Kochwasser auffangen.

Die Tomaten putzen, waschen, vierteln und dabei entkernen. Die Zwiebeln abziehen und klein würfeln.

Die Butter in einem Topf erhitzen und die Zwiebelwürfel darin in ca. 3 Minuten glasig dünsten. Mit Mehl und etwas Paprikapulver bestäuben und anschwitzen. Unter Rühren mit Gemüsebrühe, Kochwasser und Tomatensaft ablöschen. Den Schmand einrühren und die Soße bei mittlerer Hitze 10 Minuten köcheln lassen.

Inzwischen die Petersilie waschen, trockenschütteln und fein hacken.

Kartoffeln, Rosenkohl und Tomaten in der Soße erwärmen, mit Salz, Pfeffer und Paprikapulver abschmecken. Das Rosenkohlragout auf Tellern anrichten und mit der Petersilie bestreut servieren.

Umgedrehte Lauchtorte

Harry Pollex *aus Vierkirchen*

Für 4 Personen
Vorbereitungszeit: 40 Minuten
Garzeit: 10 Minuten

500 g bofrost*Porree
1 EL Butter
250 ml Wasser
1 gestr. TL gemahlener Kümmel
1 gestr. TL Salz

Teig:
150 g Mehl
5 Eier
400 g saure Sahne
2 gestr. TL Salz
1 gestr. TL edelsüßes Paprikapulver
1 Msp. Muskatblüte

Den Porree in einem Sieb am besten über Nacht abgedeckt auftauen lassen; dann halbieren.

Die Butter in einer beschichteten Pfanne von 24 cm Ø schmelzen lassen, das Wasser dazugießen und aufkochen lassen.

Den Porree darin verteilen, mit Kümmel und Salz würzen und zugedeckt 5 Minuten kochen. Dann den Deckel abnehmen und bei starker Hitze kochen, bis das Wasser nahezu verdampft ist.

Inzwischen das Mehl mit den Eiern, der sauren Sahne, Salz, Paprikapulver und Muskatblüte zu einem glatten Teig verarbeiten. Die Teigmasse gleichmäßig über den Porree gießen und zugedeckt in etwa 5 bis 10 Minuten stocken lassen.

Die Lauchtorte vorsichtig mit einem Pfannenwender vom Pfannenboden lösen. Einen vorgewärmten Teller oder eine Servierplatte (mit ca. 28 cm Ø) umgedreht auf die Pfanne legen und die Lauchtorte darauf stürzen. Sofort servieren.

Tipp: Dazu passt Tomatensalat.
Der Teig wird besonders köstlich, wenn man Weizen selbst zu feinem Mehl ausmahlt und mit den übrigen Zutaten verarbeitet.

Die besten Rezepte
unserer Kunden

Fisch

1466
500g Spagetti
500g Botrost TK- dicke Bohnen
500g Botrost TK- Zuckerschoten
200 g Botrost TK- Brokkoli
150 g Butter
30 g Sahne
250 ml Sahne
60 g frisch geriebener Parmesan
Guten Appetit!

Fisch auf Tomatensoße

Brigitta Schorr *aus Heusweiler*

Für 4 Personen
Vor- und Zubereitungszeit: 40 Minuten

800 g bofrost*Fischfilets
(z. B. Rotbarsch oder Kabeljau)
Saft von 1/2 Zitrone
Salz
3 Fleischtomaten
1 Zwiebel
2 Knoblauchzehen
2 EL Olivenöl
2 EL Kapern
1 TL Oregano
schwarzer Pfeffer aus der Mühle
3 EL gehacktes Basilikum

Die gefrorenen Fischfilets auf einen Porzellanteller legen, mit Klarsichtfolie abdecken und am besten über Nacht im Kühlschrank auftauen lassen. Am nächsten Tag kalt abwaschen, mit Küchenkrepp trockentupfen, in 8 möglichst gleich große Stücke schneiden, mit dem Zitronensaft beträufeln und etwas salzen.

Die Tomaten für wenige Sekunden in kochend heißes Wasser geben, herausnehmen, mit kaltem Wasser abschrecken, die Haut abziehen und das Fruchtfleisch klein würfeln. Zwiebel und Knoblauch abziehen und klein hacken.

Das Olivenöl in einer Pfanne erhitzen und Zwiebeln und Knoblauch darin in 4 bis 5 Minuten glasig anschwitzen. Dann die Tomatenwürfel, Kapern und Fischstücke dazugeben, die Pfanne mit einem Deckel verschließen und 5 bis 10 Minuten bei mittlerer Hitze garen.

Den Oregano untermengen, kurz ziehen lassen und mit Salz und Pfeffer abschmecken. Mit Basilikum bestreut servieren.

Tipp: Als Beilage eignen sich Bandnudeln.

Mallorquinische Fischpfanne

Maria Marth *aus Gaberndorf*

Für 4 Personen
Vorbereitungszeit: 45 Minuten
Backzeit: 25 Minuten

4 bofrost*Rotbarschfilets, naturbelassen
Salz, weißer Pfeffer
Saft von 1/2 Zitrone
1 kg fest kochende Kartoffeln
400 g Zwiebeln
3 Knoblauchzehen
400 g Tomaten
1 Bund Petersilie
2 EL Olivenöl
75 g Tomatenketchup
Fett für die Form
100 ml trockener Weißwein
40 g Rosinen
20 g Pinienkerne

Die gefrorenen Rotbarschfilets auf einen Porzellanteller legen, mit Klarsichtfolie abdecken und am besten über Nacht im Kühlschrank auftauen lassen. Am nächsten Tag kalt abwaschen, mit Küchenkrepp trockentupfen, mit Salz und Pfeffer würzen und mit Zitronensaft beträufeln.

Die Kartoffeln waschen, in kochendem Salzwasser weich garen, abgießen und pellen. Die leicht ausgekühlten Kartoffeln in Scheiben schneiden.

Zwiebeln und Knoblauch abziehen und klein hacken. Die Tomaten waschen und klein würfeln. Die Petersilie waschen, trockenschütteln und fein hacken.

Das Olivenöl in einer großen Pfanne erhitzen, die Rotbarschfilets darin von beiden Seiten kurz anbraten, herausnehmen und warm stellen. Zwiebeln, Knoblauch und Tomatenwürfel in der gleichen Pfanne 5 Minuten anbraten und das Tomatenketchup und die Petersilie unterrühren.

Eine Auflaufform von ca. 20 x 30 cm leicht einfetten, die Kartoffelscheiben einschichten und salzen. Die Rotbarschfilets darauf legen und mit Weißwein begießen. Darauf die Gemüsemasse verteilen und mit den Rosinen und Pinienkernen bestreuen.

Den Auflauf im vorgeheizten Backofen bei 180 °C ca. 25 Minuten garen lassen. Herausnehmen und gleich servieren.

Provenzalischer Fischtopf

Anja Bentlage *aus Ascheberg*

Für 4 Personen
Vor- und Zubereitungszeit: 1 Stunde

400–500 g gemischte Fischfilets (je 2 bofrost*Seelachsfilets und bofrost*Lachsfilets)
1 Fenchelknolle
2 Knoblauchzehen
2 TL Puderzucker
2 TL Öl
100 g bofrost*Zwiebelwürfel
200 g bofrost*Möhren gewürfelt
200 g bofrost*Porree
2 gehäufte TL Tomatenmark
8 Safranfäden
250 g bofrost*Paprikastreifen
3 EL bofrost*Kräuterprofi „Petersilie"
3 TL bofrost*Kräuterprofi „Schnittlauch"
2 TL Thymianblättchen
Salz

Sud:
2 Lorbeerblätter, 16 weiße Pfefferkörner
16 Korianderkörner, 4 Pimentkörner
4 Wacholderbeeren, 2 EL Pernod
250 ml Weißwein, 1,5 l Gemüsebrühe

Die gefrorenen Fischfilets auf einen Porzellanteller legen, mit Klarsichtfolie abdecken und am besten über Nacht im Kühlschrank auftauen lassen. Am nächsten Tag kalt abwaschen, mit Küchenkrepp trockentupfen und klein würfeln.

Für den Sud die Lorbeerblätter halbieren. In einem beschichteten Topf ohne Fettzugabe Lorbeer, Pfeffer, Koriander, Piment und Wacholderbeeren anrösten. Mit Pernod und Weißwein ablöschen, die Gemüsebrühe dazugießen und einige Minuten köcheln lassen. Dann durch ein Sieb abgießen und den Sud beiseite stellen.

Den Fenchel putzen, waschen und klein würfeln. Die Knoblauchzehen abziehen und fein hacken.

Den Puderzucker in einem Topf karamellisieren lassen. Öl, gefrorene Zwiebelwürfel, Möhren und Porree sowie Fenchelwürfel dazugeben, das Tomatenmark unterrühren und alles kurz andünsten lassen. Dann den Safran einstreuen, die gefrorenen Paprikastreifen zufügen und mit dem Gewürzsud aufgießen; aufkochen und 10 Minuten köcheln lassen.

Knoblauch, gefrorene Petersilie und Schnittlauch, Thymianblättchen und Salz zur Brühe geben und nochmals aufkochen lassen. Dann die Fischwürfel dazugeben und bei geringer Hitze 8 Minuten ziehen lassen. Nochmals abschmecken und heiß servieren.

*Tipp: Zum Veredeln kann man dem Fischtopf noch bofrost*Luxuskrabben zugeben.*

Ungarisches Fischragout

Erna Ziese-Eßer *aus Düren*

Für 4 Personen
Vor- und Zubereitungszeit: 35 Minuten

500 g bofrost*Kabeljaufilets, naturbelassen, oder bofrost*Alaska-Seelachsfilets, naturbelassen
2–3 EL Zitronensaft
Salz, weißer Pfeffer
2 TL rosenscharfes Paprikapulver
1 große Gemüsezwiebel
20 g Butter oder Margarine
300 g bofrost*Paprikastreifen
125 ml Gemüsebrühe
4 EL Weißwein
200 g Crème fraîche
30 g Butterschmalz
4 EL Paprikamark
2 EL heller Soßenbinder

Die gefrorenen Fischfilets auf einen Porzellanteller legen, mit Klarsichtfolie abdecken und am besten über Nacht im Kühlschrank auftauen lassen. Am nächsten Tag kalt abwaschen, mit Küchenkrepp trockentupfen und in ca. 1 cm große Würfel schneiden. Mit Zitronensaft beträufeln und mit Salz, Pfeffer und Paprikapulver würzen.

Die Zwiebel abziehen und in Ringe schneiden.

Die Butter erhitzen, die Zwiebelringe und gefrorenen Paprikastreifen darin 5 Minuten anschwitzen, mit der Gemüsebrühe und dem Weißwein ablöschen und die Crème fraîche einrühren. Zugedeckt weitere 5 Minuten garen lassen.

Inzwischen das Butterschmalz erhitzen und die Fischwürfel darin 5 Minuten von allen Seiten braten.

Das Paprikamark in das Gemüse einrühren, den Soßenbinder darüber streuen und ebenfalls einrühren. Das Gemüse nochmals aufkochen, mit Salz und Pfeffer abschmecken und dann die Fischwürfel unterheben.

Fischrouladen

Rosemarie Maier *aus Kirkel*

Für 4 Personen
Vor- und Zubereitungszeit: 40 Minuten

4–6 bofrost*Pangasiusfilets
Kräutersalz
4–6 Scheiben Räucherlachs
1 Pck. Frischkäse mit Lachsgeschmack (200 g)
100 ml trockener Weißwein
100 g Sahne
Salz, weißer Pfeffer

Die gefrorenen Pangasiusfilets auf einen Porzellanteller legen, mit Klarsichtfolie abdecken und am besten über Nacht im Kühlschrank auftauen lassen. Am nächsten Tag kalt abwaschen, mit Küchenkrepp trockentupfen und etwas Kräutersalz würzen.

Jedes Pangasiusfilet mit 1 Räucherlachsscheibe belegen und diese mit etwas Frischkäse bestreichen – man benötigt noch 2 Esslöffel Frischkäse für die Soße. Die Pangasiusfilets zu Rouladen aufrollen und etwas andrücken, so bleiben sie in Form.

In einer Pfanne den Weißwein erhitzen, die Fischrouladen vorsichtig mit der Nahtseite nach unten hineinlegen und zugedeckt bei geringer Hitze 15 Minuten dünsten. Dann die Fischrouladen herausnehmen und warm stellen.

Den Weißwein nochmals aufkochen lassen, den restlichen Frischkäse mit dem Schneebesen einrühren, die Sahne dazugeben und mit Salz und Pfeffer abschmecken.

Die Fischrouladen auf vorgewärmte Teller geben und mit der Soße begießen.

Tipp: Als Beilage eignen sich Bandnudeln, Reis oder Salzkartoffeln.

Wirsing-Fisch-Roulade mit Bratkartoffeln

Marga Thyering *aus Essen*

Für 4 Personen
Vorbereitungszeit: 45 Minuten
Garzeit: 15 Minuten

4 bofrost*Alaska-Seelachsfilets, naturbelassen
Saft von 1/2 Zitrone
750 g Wirsing
Salz, weißer Pfeffer
4 Scheiben durchwachsener Speck (ca. 200 g)
20 g Butterschmalz
500 ml Gemüsebrühe
150 g bofrost*Luxuskrabben (Grönlandgarnelen)
100 g Crème fraîche
2 EL Riesling-Weißwein

Die gefrorenen Seelachsfilets auf einen Porzellanteller legen, mit Klarsichtfolie abdecken und am besten über Nacht im Kühlschrank auftauen lassen. Am nächsten Tag kalt abwaschen, mit Küchenkrepp trockentupfen und mit dem Zitronensaft beträufeln.

Den Wirsing putzen, die Blätter einzeln abziehen, waschen und 5 Minuten in kochendes Wasser geben. Herausnehmen, kalt abschrecken und in einem Sieb abtropfen lassen. Den festen Mittelstrunk herausschneiden.

Jeweils 2 Wirsingblätter glatt nebeneinander legen, so dass sich die Enden überlappen. 1 Seelachsfilet darauf legen, mit Salz und Pfeffer würzen und mit 1 Speckscheibe belegen. Die Wirsingblätter zu Rouladen einrollen.

Das Butterschmalz erhitzen und die Rouladen darin von allen Seiten anbraten. Mit der Gemüsebrühe ablöschen und zugedeckt 15 Minuten garen. Herausnehmen und warm stellen.

In den Bratensatz die gefrorenen Luxuskrabben und die Crème fraîche einrühren, erhitzen und mit Weißwein, Salz und Pfeffer abschmecken. Die Rouladen sofort mit der heißen Soße servieren.

Tipp: Wer möchte, kann die Soße mit etwas hellem Soßenbinder abbinden.

Frankie's best

Marion von Horsten *aus Marne*

(Marinierter Lachs mit Möhren und Kaiserschoten)

Für 2–3 Personen
Vorbereitungszeit: 40 Minuten
Marinierzeit: 30 Minuten

1 Pck. bofrost*Lachsfilets (600 g)
5 EL Sojasauce
1 EL Speisestärke
1 Bund Lauchzwiebeln
2 EL Olivenöl
500 g bofrost*Möhren gewürfelt
100 g bofrost*Kaiserschoten
200 g Sojabohnenkeimlinge oder Mungosprossen
2 EL gekörnte Instant-Gemüsebrühe
125 ml Wasser

Die gefrorenen Lachsfilets auf einen Porzellanteller legen, mit Klarsichtfolie abdecken und am besten über Nacht im Kühlschrank auftauen lassen. Am nächsten Tag kalt abwaschen, mit Küchenkrepp trockentupfen und in ca. 2 cm große Würfel schneiden.

Sojasauce und Speisestärke glatt miteinander verrühren, über die Lachswürfel gießen und diese ca. 30 Minuten marinieren.

Die Lauchzwiebeln putzen, waschen und in kleine Ringe schneiden.

Das Olivenöl in einer Pfanne erhitzen und die Lachswürfel darin 5 Minuten von allen Seiten anbraten. Herausnehmen und beiseite stellen.

In der gleichen Pfanne die gefrorenen Möhren und Kaiserschoten anbraten, dann die Lauchzwiebelringe und Sojabohnenkeimlinge oder Mungosprossen zugeben und alles in ca. 4 Minuten bissfest garen.

Die gekörnte Gemüsebrühe im heißen Wasser auflösen und zu dem Gemüse geben. Alles kurz einkochen lassen und dann die Lachswürfel vorsichtig unterheben.

Frühlingserwachen

Gabriele Heenemann *aus Aken (Elbe)*

Für 4 Personen
Vor- und Zubereitungszeit: 1 Stunde

4 bofrost*Lachsfilets
Salz, schwarzer Pfeffer aus der Mühle
600 g fest kochende Kartoffeln
1 Pck. bofrost*Weißer Stangenspargel (1000 g)
50 g Butter
1 TL Zucker
1 reife Avocado
1 Eigelb
50 ml Distelöl
100 ml Krebsfond (Fertigprodukt)
1 EL Senf
25 ml Sherryessig
50 ml Weißwein

Die gefrorenen Lachsfilets auf einen Porzellanteller legen, mit Klarsichtfolie abdecken und am besten über Nacht im Kühlschrank auftauen lassen. Am nächsten Tag kalt abwaschen, mit Küchenkrepp trockentupfen und mit Salz und Pfeffer würzen.

Die Kartoffeln waschen, in kochendem Salzwasser garen, abgießen und pellen.

Inzwischen den gefrorenen Stangenspargel in kochendes Wasser geben, 1 Esslöffel Butter, Salz und Zucker dazugeben und 15 bis 20 Minuten kochen. In ein Sieb abgießen und abtropfen lassen.

Die Avocado schälen, halbieren und den Stein herausdrehen. Das Fruchtfleisch mit einem Stabmixer pürieren, dabei nach und nach Eigelb, Distelöl, Krebsfond, Senf und Sherryessig dazugeben. Die sämige Soße mit Salz und Pfeffer abschmecken.

1 Esslöffel Butter in einer Pfanne erhitzen, die Lachsfilets darin von beiden Seiten maximal 5 Minuten braten und dann mit dem Weißwein ablöschen.

Kartoffeln, Stangenspargel und Lachsfilets nebeneinander auf ein Backblech legen, mit Butterflöckchen bestreuen und im vorgeheizten Backofen bei 180 °C 5 bis 10 Minuten erwärmen.

Herausnehmen, den Stangenspargel auf vorgewärmten Tellern anrichten, mit der Avocadosoße begießen und die Kartoffeln und die Lachsfilets seitlich anlegen.

Kürbis-Tomaten-Gratin mit Rotbarschfilet

Gisela Terhoeven-Weyers *aus Geldern*

Für 4 Personen
Vorbereitungszeit: 40 Minuten
Backzeit: 20 Minuten

1 Zwiebel
2 Knoblauchzehen
600 g Kürbisfleisch
6 EL Olivenöl
600 g Tomaten aus der Dose
2 EL Rotwein
Salz, schwarzer Pfeffer aus der Mühle
1 EL bofrost*Kräuterprofi „Petersilie"
1 EL bofrost*Kräuterprofi „Schnittlauch"
100 ml Gemüsebrühe
4 bofrost*Rotbarschfilets, naturbelassen
Saft von 1/2 Zitrone
100 g frisch geriebener Parmesan

Zwiebel und Knoblauchzehen abziehen und fein hacken. Das Kürbisfleisch in ca. 1 cm dicke Stäbchen schneiden.

3 Esslöffel Olivenöl in einem Topf erhitzen, Zwiebeln und Knoblauch darin glasig anschwitzen, die Tomaten mit Saft dazugeben und aufkochen lassen. Den Rotwein einrühren und die Soße kräftig mit Salz und Pfeffer würzen. Bei geringer Hitze zugedeckt 15 Minuten köcheln lassen. Zum Schluss die gefrorenen Kräuter untermischen.

Inzwischen das restliche Olivenöl in einer Pfanne erhitzen, die Kürbisstäbchen darin 5 Minuten braten, dann die Brühe zugießen und weitere 10 Minuten dünsten lassen.

Die Kürbisstäbchen in eine Auflaufform einfüllen und mit Salz und Pfeffer würzen. Die gefrorenen Rotbarschfilets darauf legen und mit dem Zitronensaft beträufeln.

Die Tomatensoße über den Fisch gießen und alles mit dem Parmesan bestreuen. Das Gratin im vorgeheizten Ofen bei 200 °C ca. 20 Minuten backen.

Tipp: Dazu gibt's einen grünen Salat – je nach Jahreszeit Frisée, Kopfsalat oder Feldsalat. Ist die Kürbiszeit vorbei, gebe ich etwas von der Tomatensoße in die Gratinform, setze darauf den Fisch und bedecke ihn mit der restlichen Tomatensoße und dem Parmesankäse. Dazu Reis servieren.

Lachs in KnoBaTo-Soße

Gerda Schweisfurth *aus Kreuztal*

(Knoblauch-Basilikum-Tomatensoße)

Für 4 Personen
Vorbereitungszeit: 30 Minuten
Backzeit: 15–20 Minuten

1 Pck. bofrost*Lachsfilets (600 g)
1 Zwiebel
1–2 Knoblauchzehen
500 g Tomaten
1 Bund Basilikum
1 EL Butter
100 g Crème fraîche
2 EL Weißwein
Fett für die Form
1 EL Zitronensaft
Salz, schwarzer Pfeffer aus der Mühle

Die gefrorenen Lachsfilets auf einen Porzellanteller legen, mit Klarsichtfolie abdecken und am besten über Nacht im Kühlschrank auftauen lassen. Am nächsten Tag kalt abwaschen und mit Küchenkrepp trockentupfen.

Zwiebel und Knoblauch abziehen; die Zwiebel fein würfeln, den Knoblauch durch eine Presse drücken.

Die Tomaten für ca. 5 Sekunden in kochendes Wasser geben, in ein Sieb abgießen, kalt abschrecken, häuten und würfeln. Das Basilikum waschen, trockenschütteln, die Blättchen von den Stielen zupfen und fein hacken.

Die Butter in einer Pfanne erhitzen und die Zwiebelwürfel darin glasig anschwitzen. Herausnehmen und mit den Tomatenwürfeln, dem Basilikum, Knoblauch, der Crème fraîche und dem Weißwein gut verrühren.

Eine ofenfeste Form wenig einfetten. Die Lachsfilets hineinlegen, mit Zitronensaft beträufeln und mit Salz und Pfeffer würzen. Die Tomatensoße darüber gießen.

Die Lachsfilets im vorgeheizten Backofen bei 180 °C 15 bis 20 Minuten garen. Herausnehmen und sofort auf vorgewärmten Tellern servieren.

Garnelenpfanne

Jörg Domschat *aus Illertissen*

Für 2–3 Personen
Vor- und Zubereitungszeit: 30 Minuten

250 g Spaghetti
Salz
2 Knoblauchzehen
5 EL Olivenöl
1 Pck. bofrost*Garnelen in Kräutersoße (500 g)
1 EL frisch gepresster Zitronensaft
50 ml Weißwein
schwarzer Pfeffer aus der Mühle
1 Msp. gemahlene Chilischote
1 EL bofrost*Kräuterprofi „Kräutermischung"
100 g frisch geriebener Parmesan

Die Spaghetti in kochendem Salzwasser nach Packungsanweisung bissfest garen; in ein Sieb abgießen und abtropfen lassen.

Inzwischen die Knoblauchzehen abziehen und durch eine Presse drücken.

Das Olivenöl in einer großen Pfanne erhitzen. Die gefrorenen Garnelen in Kräutersoße dazugeben und unter gelegentlichem Rühren 10 Minuten anbraten.

Knoblauch, Zitronensaft, Weißwein, Pfeffer und gemahlene Chilischote dazugeben und weitere 5 Minuten bei geringer Hitze köcheln lassen.

Die heißen Spaghetti dazugeben und alles gut miteinander vermischen. Die gefrorene Kräutermischung unterrühren und die Garnelenpfanne mit dem Parmesan bestreut servieren.

Tipp: Wer möchte, kann die Garnelenpfanne noch mit frisch gehacktem Basilikum bestreuen. Und einfach herrlich dazu: ein gut gekühlter italienischer Weißwein.

Krabben in Blattspinat

Michaela Hauck-Tetiwa *aus Wiesbaden*

Für 4 Personen
Vor- und Zubereitungszeit: 30 Minuten

200 g bofrost*Blattspinat
150 g bofrost*Luxuskrabben (Grönlandgarnelen)
1 Zwiebel
1–2 Knoblauchzehen
1 EL Butter
200 g Frischkäse
200 g Sahne
Salz, weißer Pfeffer
1 Msp. Safranpulver
1 Prise Chilipulver

Den Blattspinat und die Luxuskrabben in verschiedenen Sieben abgedeckt auftauen lassen; danach den Blattspinat grob hacken.

Zwiebel und Knoblauch abziehen; die Zwiebel fein hacken, den Knoblauch durch eine Presse drücken.

Die Butter in einem Topf erhitzen und die Zwiebeln darin glasig anschwitzen. Knoblauch und Spinat dazugeben und ca. 5 Minuten dünsten lassen, bis die Flüssigkeit verdampft ist.

Frischkäse und Sahne miteinander vermischen und in die Spinatmasse einrühren. Weitere 5 Minuten kochen lassen und dabei kräftig mit Salz, Pfeffer, Safran- und Chilipulver würzen.

Zum Schluss die Luxuskrabben dazugeben und 3 Minuten in der Soße ziehen lassen. Sofort servieren.

Tipp: Dazu Spaghetti oder Reis reichen.

Kabeljaufilet mit Specksalat

Helga Naumann *aus Augsdorf*

Für 4 Personen
Vorbereitungszeit: 50 Minuten
Marinierzeit: 1 Stunde
Backzeit: 10 Minuten

4 bofrost*Kabeljaufilets, naturbelassen
Saft von 1/2 Zitrone
Salz, weißer Pfeffer
Mehl zum Wenden

Salat:
1 kg fest kochende Kartoffeln
Salz
75 g geräucherter, durchwachsener Speck
2 Zwiebeln
250 ml Fleischbrühe
4 EL Kräuteressig
1 TL mittelscharfer Senf
schwarzer Pfeffer aus der Mühle
1 EL bofrost*Kräuterprofi „Kräutermischung"

Bierteig:
1 Ei
125 ml Bier
150 g Mehl
1/2 TL Salz
Fett zum braten

Die gefrorenen Kabeljaufilets auf einen Porzellanteller legen, mit Klarsichtfolie abdecken und am besten über Nacht im Kühlschrank auftauen lassen. Am nächsten Tag kalt abwaschen, mit Küchenkrepp trockentupfen und mit Zitronensaft beträufeln. Kurz vor der weiteren Verwendung die Kabeljaufilets trockentupfen, vierteln und mit Salz und Pfeffer würzen.

Die Kartoffeln waschen, in kochendem Salzwasser garen, abgießen, kalt abschrecken, pellen und etwas auskühlen lassen. Dann in Scheiben schneiden und in eine Salatschüssel geben.

Inzwischen den Speck würfeln. Die Zwiebeln abziehen und ebenfalls würfeln.

Die Speckwürfel in einer Pfanne ohne Fettzugabe auslassen, die Zwiebelwürfel zugeben und kurz darin anbraten. Mit der Fleischbrühe und dem Kräuteressig ablöschen und unter Rühren aufkochen lassen. Mit Senf, Salz und Pfeffer abschmecken.

Die Speck-Zwiebel-Marinade über die Kartoffeln gießen, die gefrorene Kräutermischung unterheben und 1 Stunde durchziehen lassen.

Für den Bierteig das Ei trennen. Eigelb, Bier, Mehl und Salz glatt miteinander verrühren. Das Eiweiß steif schlagen und vorsichtig unterheben.

Die Kabeljaustücke in Mehl wenden, durch den Bierteig ziehen und in tiefem Fett in ca. 10 Minuten goldbraun braten. Herausnehmen und auf Küchenkrepp abtropfen lassen.

Den Kartoffelsalat nochmals abschmecken und mit den frittierten Kabeljaustücken auf Tellern anrichten. Nach Belieben mit etwas Petersilie und Zitronenspalten garnieren.

Kabeljaufilet im Kartoffelmantel

Waltraud Smarczyk *aus Willich*

Für 4 Personen
Vor- und Zubereitungszeit: 1 Stunde

600 g bofrost*Kabeljaufilet, naturbelassen
Meersalz
schwarzer Pfeffer aus der Mühle
60 g Mehl
2 EL scharfer Senf
500 g fest kochende Kartoffeln
50 g Butter

Soße:
200 g Crème fraîche
4 EL Olivenöl
Saft von 1/2 Zitrone
Salz, weißer Pfeffer
1/2 TL gekörnte Instant-Gemüsebrühe
1 Prise Zucker
40 g Butter
2 EL bofrost*Kräuterprofi „Petersilie"

Die gefrorenen Kabeljaufilets auf einen Porzellanteller legen, mit Klarsichtfolie abdecken und am besten über Nacht im Kühlschrank auftauen lassen. Am nächsten Tag kalt abwaschen, mit Küchenkrepp trockentupfen und mit Meersalz und Pfeffer würzen. Die Kabeljaufilets in Würfel schneiden, im Mehl wenden und dünn mit Senf einstreichen.

Die Kartoffeln waschen, schälen, mit einer Reibe grob raspeln, das Wasser ausdrücken und salzen. Die Kabeljauwürfel darin wenden und dabei die Kartoffelraspel gut andrücken.

Die Butter in einer beschichteten Pfanne erhitzen und die Kabeljauwürfel darin von beiden Seiten in ca. 4 Minuten goldbraun ausbraten – vorsichtig wenden. Herausheben und auf Küchenkrepp abtropfen lassen.

Für die Soße die Crème fraîche erhitzen und leicht köcheln lassen. Olivenöl und Zitronensaft einrühren und mit Salz, Pfeffer, gekörnter Gemüsebrühe und Zucker würzen. Zum Schluss die Butter einrühren und die gefrorene Petersilie unterziehen.

Die ausgebackenen Kabeljauwürfel zusammen mit der Soße servieren.

Tipp: Dazu passt ein perlender Winzersekt. Und wer es mal anders möchte, kann Thunfisch oder Blutwurst im Kartoffelmantel zubereiten.

Kabeljau in Erdnusskruste

Winfried Strobel *aus Ihringen*

Für 4 Personen
Vor- und Zubereitungszeit: 30 Minuten

4 bofrost*Kabeljaufilets, naturbelassen
1–2 EL Zitronensaft
Salz, weißer Pfeffer
100 g ungesalzene Erdnusskerne
1 Knoblauchzehe
1 Msp. Cayennepfeffer
je 1/2 TL getrockneter Oregano und Thymian
2 Eier
4 EL Öl

Die gefrorenen Kabeljaufilets auf einen Porzellanteller legen, mit Klarsichtfolie abdecken und am besten über Nacht im Kühlschrank auftauen lassen. Am nächsten Tag kalt abwaschen, mit Küchenkrepp trockentupfen und vierteln. Mit Zitronensaft beträufeln und mit Salz und Pfeffer würzen.

Die Erdnüsse am besten in der Küchenmaschine fein mahlen. Die Knoblauchzehe abziehen und durch eine Presse drücken.

Die gemahlenen Erdnüsse und den Knoblauch auf einem Teller miteinander vermischen und kräftig mit Cayennepfeffer, Oregano, Thymian, Salz und Pfeffer würzen. Die Eier verquirlen.

Die Kabeljaufilets erst durch die Eimasse ziehen, dann in der Erdnussmischung wenden und dabei die Panade fest andrücken.

Das Öl in einer Pfanne erhitzen, die Kabeljaufilets darin in ca. 6 bis 8 Minuten von beiden Seiten goldbraun braten. Den heißen Fisch sofort servieren.

*Tipp: Ich serviere dazu einige bofrost*Broccoli-Röschen und jeweils 1 Stück bofrost*Kartoffel-Sahne-Gratin (Gratin Gourmet).*

Pikanter Lachs

Hannelore Gradl *aus Chieming*

Für 4 Personen
Vor- und Zubereitungszeit: 50 Minuten

4 bofrost*Lachsfilets
1 EL Zitronensaft
Salz, weißer Pfeffer
2 Schalotten
2 Zucchini
2 TL Pflanzenöl
100 ml trockener Weißwein
200 ml Fischfond
1 EL heller Soßenbinder
4 EL saure Sahne
1 TL Senf
1 TL geriebener Meerrettich, nach Geschmack
einige Tropfen flüssiger Süßstoff
400 g Bandnudeln (aus der Kühltheke)
200 g bofrost*Kaiserschoten
4 TL Lachskaviar

Die gefrorenen Lachsfilets auf einen Porzellanteller legen, mit Klarsichtfolie abdecken und am besten über Nacht im Kühlschrank auftauen lassen. Am nächsten Tag kalt abwaschen, mit Küchenkrepp trockentupfen, mit dem Zitronensaft beträufeln und mit Salz und Pfeffer würzen.

Die Schalotten abziehen und fein würfeln. Die Zucchini putzen, waschen und in dünne Stifte schneiden oder hobeln.

Das Pflanzenöl erhitzen und die Schalottenwürfel darin glasig anschwitzen. Mit dem Weißwein und Fischfond ablöschen, aufkochen lassen und mit dem Soßenbinder etwas andicken. Die Hitze reduzieren und die saure Sahne glatt in die Soße einrühren; mit Senf, Meerrettich, Salz, Pfeffer und Süßstoff abschmecken.

Die Lachsfilets in die Soße geben und mit geschlossenem Deckel 10 Minuten bei geringer Hitze gar ziehen lassen.

Die Bandnudeln in kochendem Salzwasser nach Packungsanweisung garen, abgießen und ebenfalls abtropfen lassen.

Inzwischen die Zucchinistifte und die gefrorenen Kaiserschoten kurz in kochendes Salzwasser geben, in ein Sieb abgießen und abtropfen lassen.

Die Bandnudeln auf vorgewärmten Tellern anrichten, die Lachsfilets mit der Soße dazugeben und das Gemüse seitlich anlegen. Mit jeweils 1 Teelöffel Lachskaviar garniert servieren.

Zucchini mit Lachs

Diana Fedder *aus Osterode am Harz*

Für 4 Personen
Vor- und Zubereitungszeit: 35 Minuten

4 bofrost*Lachsfilets
Salz, weißer Pfeffer
Saft von 1/2 Zitrone
1 kg Zucchini
1 EL Butter
75 g bofrost*Zwiebelwürfel
350 g Sahne
1 TL gekörnte Instant-Gemüsebrühe
100 g bofrost*Luxuskrabben
(Grönlandgarnelen)

Die gefrorenen Lachsfilets auf einen Porzellanteller legen, mit Klarsichtfolie abdecken und am besten über Nacht im Kühlschrank auftauen lassen. Am nächsten Tag kalt abwaschen, mit Küchenkrepp trockentupfen und in ca. 2 cm große Würfel schneiden. Mit Salz, Pfeffer und Zitronensaft würzen.

Die Zucchini waschen, nur bei Bedarf schälen und in ca. 1 cm große Würfel schneiden.

Die Butter in einem Topf erhitzen, die gefrorenen Zwiebelwürfel darin glasig anschwitzen und dann die Zucchiniwürfel dazugeben. Bei geringer Hitze 10 Minuten dünsten. Dann die Sahne zugeben und alles mit Salz, Pfeffer und gekörnter Gemüsebrühe abschmecken.

Die Lachswürfel und gefrorenen Luxuskrabben dazugeben und nochmals im geschlossenen Topf 10 Minuten ziehen lassen. Auf vorgewärmten Tellern servieren.

Tipp: Dazu schmecken am besten Salzkartoffeln.

Lachsfilet auf Blattspinat mit Honig-Senf-Soße

Sabine Müller *aus Ratekau*

Für 4 Personen
Vor- und Zubereitungszeit: 55 Minuten

4 bofrost*Lachsfilets
700 g bofrost*Blattspinat
Salz, weißer Pfeffer
1–2 EL Zitronensaft
750 g fest kochende Kartoffeln
1 Zwiebel
1 Knoblauchzehe
5 TL Senfkörner
1 TL gehackter Dill
1 TL scharfer Senf
1/2 TL Honig
3 EL Wasser
2 EL Öl
3 TL Butter

Die gefrorenen Lachsfilets auf einen Porzellanteller und den gefrorenen Blattspinat in ein Sieb geben, beides abdecken und am besten über Nacht im Kühlschrank auftauen lassen. Am nächsten Tag die Lachsfilets kalt abwaschen, mit Küchenkrepp trockentupfen und mit Salz und Pfeffer würzen und mit etwas Zitronensaft beträufeln.

Die Kartoffeln waschen, in kochendem Salzwasser weich garen, abgießen und pellen.

Zwiebel und Knoblauch abziehen; die Zwiebel fein hacken, den Knoblauch durch eine Presse drücken.

Die Senfkörner in einem Mörser zerkleinern und mit Dill, scharfem Senf, Honig, Wasser und etwas Salz zu einer Soße verrühren.

Das Öl in einer Pfanne erhitzen und die Lachsfilets darin von jeder Seite 5 Minuten anbraten.

1 Teelöffel Butter in einem Topf erhitzen und darin Zwiebel und Knoblauch glasig anschwitzen. Den Blattspinat zufügen und 4 Minuten mitdünsten. Mit Salz, Pfeffer und 1 Spritzer Zitronensaft abschmecken.

Die restliche Butter in einer Pfanne erhitzen und die Pellkartoffeln darin 3 Minuten schwenken; leicht mit Salz würzen.

Die Lachsfilets mit der kalten Honig-Senf-Soße, dem Spinat und den Pellkartoffeln auf vorgewärmten Tellern anrichten.

Lachsfilet auf Orangensoße

Hermine Hütten *aus Aachen*

Für 4 Personen
Marinierzeit: 1 Stunde
Vor- und Zubereitungszeit: 40 Minuten

4 bofrost*Lachsfilets
Saft von 1/2 Orange
1 EL Butterschmalz
1 Prise Zucker
Salz, weißer Pfeffer
200 ml Gemüsebrühe
2 Orangen
125 g Schmand
1 Msp. Senf
1 Prise gemahlenen Ingwer

Die gefrorenen Lachsfilets auf einen Porzellanteller legen, mit Klarsichtfolie abdecken und am besten über Nacht im Kühlschrank auftauen lassen. Am nächsten Tag kalt abwaschen, mit Küchenkrepp trockentupfen und mit dem Saft der halben Orange marinieren. Etwa 1 Stunde kalt stellen und ziehen lassen.

Das Butterschmalz in einer ofenfesten Form erhitzen, den Zucker darin karamellisieren lassen und die Lachsfilets darin kurz von beiden Seiten anbraten. Mit Salz und Pfeffer würzen und mit der Gemüsebrühe auffüllen. Im vorgeheizten Backofen bei 100 °C ca. 15 Minuten ziehen lassen. Dann die Lachsfilets aus dem Fischfond herausnehmen und zugedeckt im Backofen warm halten.

Inzwischen die Orangen schälen, die Filets über einer Schüssel herauslösen und dabei den Saft auffangen.

Den Fischfond etwas einkochen lassen und mit dem Schmand zu einer cremigen Soße verrühren. Saft und Filets der Orangen zufügen und die Soße mit Salz, Pfeffer, Senf und Ingwer würzen.

Die Lachsfilets auf vorgewärmten Tellern anrichten und mit der Orangensoße begießen.

Lachs-Spinat-Pizza

Astrid Bunzel *aus Bergkamen*

Für 4 Personen
Vorbereitungszeit: 45 Minuten
Gehzeit für den Teig: 1 Stunde 15 Minuten
Backzeit: 25 Minuten

1 bofrost*Lachsfilet
Salz
100 g bofrost*Blattspinat
1 Pck. stückige Tomaten (250 g)
schwarzer Pfeffer aus der Mühle
1 TL Oregano
400 g grob geraspelter Gouda
2 EL Knoblauch-Olivenöl

Pizzateig:
400 g Mehl
1 Hefewürfel (42 g)
250 ml lauwarmes Wasser
1 gestr. TL Zucker
2 EL Olivenöl
1 gestr. TL Salz
Fett für das Blech

Das gefrorene Lachsfilet auf einen Porzellanteller legen, mit Klarsichtfolie abdecken und am besten über Nacht im Kühlschrank auftauen lassen. Am nächsten Tag kalt abwaschen, mit Küchenkrepp trockentupfen, in dünne Scheiben aufschneiden und wenig salzen.

Den Blattspinat in einem Sieb auftauen lassen; vor der Verwendung gut ausdrücken und auseinander zupfen.

Inzwischen das Mehl in eine Schüssel geben und in die Mitte eine Mulde drücken. Die Hefe zerkrümeln, in 2 Esslöffeln lauwarmem Wasser auflösen, in die Mulde geben und mit dem Zucker und etwas Mehl vom Rand her glatt verrühren. Den Vorteig zugedeckt an einem warmen Ort 15 Minuten gehen lassen.

Dann das restliche Wasser, Olivenöl und Salz dazugeben und alles zu einem geschmeidigen, glatten Teig verarbeiten. Nochmals zugedeckt an einem warmen Ort ca. 1 Stunde gehen lassen, bis sich das Volumen des Teiges verdoppelt hat.

Die Tomaten in eine Schüssel geben und kräftig mit Salz, Pfeffer und Oregano würzen.

Den Teig auf einem gefetteten Backblech ausziehen, mit den gewürzten Tomaten bestreichen und dünn mit 100 Gramm Gouda bestreuen. Lachsscheibchen und Blattspinat darauf verteilen, mit dem Knoblauch-Olivenöl beträufeln und nach Geschmack zusätzlich mit Oregano bestreuen. Anschließend den restlichen Gouda darauf verteilen.

Die Pizza im vorgeheizten Backofen bei 200 °C 20 bis 25 Minuten backen, bis der Rand knusprig ist.

Tipp: Wenn es einmal schnell gehen muss, kann der Teig auch aus einer fertigen Backmischung zubereitet werden.

Lachs-Quiche

Gisela Fröbisch *aus Bornheim*

Für 4 Personen
Vorbereitungszeit: 45 Minuten
Backzeit: 25 Minuten

4 bofrost*Lachsfilets
1/2 Bund Dill
2 TL frisch geriebener Meerrettich (oder aus dem Glas)
150 g Mascarpone
2 Eier
1 EL Mehl
125 ml Milch
125 g Sahne
Salz, weißer Pfeffer

Mürbeteig:
200 g Mehl
100 g weiche Butter
1 Prise Salz
75 ml Wasser
Fett für die Form

Die gefrorenen Lachsfilets auf einen Porzellanteller legen, mit Klarsichtfolie abdecken und am besten über Nacht im Kühlschrank auftauen lassen. Am nächsten Tag kalt abwaschen, mit Küchenkrepp trockentupfen und in dünne Scheiben schneiden.

Mehl, Butter, Salz und Wasser rasch zu einem glatten Teig verkneten, eine gefettete Springform von 28 cm Ø glatt damit auslegen, dabei einen Rand hoch ziehen; ca. 30 Minuten kalt stellen.

Den Dill waschen, trockenschütteln, die Blättchen von den Stielen zupfen und klein hacken.

Meerrettich und Mascarpone miteinander verrühren. Die Eier verquirlen. Das Mehl erst mit 2 Esslöffeln Milch glatt anrühren und dann mit der übrigen Milch und der Sahne vermischen. Eier und Mascarpone-Meerrettich untermischen und die Masse mit Salz und Pfeffer würzen. Zum Schluss den Dill unterziehen.

Die Lachsscheiben auf den Mürbeteigboden legen, die Eiersahne darüber gießen und den Kuchen im vorgeheizten Backofen bei 220 °C ca. 25 Minuten backen. Herausnehmen, kurz ruhen lassen und servieren.

Lachsfilet im Blätterteig

Hanns-Michael Diening *aus Homberg (Ohm)*

Für 4 Personen
Vorbereitungszeit: 1 Stunde
Backzeit: 30 Minuten

4 bofrost*Lachsfilets
Salz, weißer Pfeffer
2 Platten bofrost*Blätterteig
Mehl für die Arbeitsfläche
1 EL Öl
100 g bofrost*Rahm-Champignons
100 g bofrost*Italienisches Pfannengemüse
200 g Frischkäse mit französischen Kräutern
1 Eigelb

Die gefrorenen Lachsfilets auf einen Porzellanteller legen, mit Klarsichtfolie abdecken und am besten über Nacht im Kühlschrank auftauen lassen. Am nächsten Tag kalt abwaschen, mit Küchenkrepp trockentupfen und mit Salz und Pfeffer würzen.

Die Blätterteigplatten auf einer leicht bemehlten Arbeitsfläche auftauen lassen und in die vorgestanzten 8 Quadrate teilen. Etwas ausrollen.

Das Öl in einer Pfanne erhitzen und die gefrorenen Rahm-Champignons und das gefrorene italienische Pfannengemüse darin zusammen 10 Minuten anbraten. Mit Salz und Pfeffer abschmecken.

Die Mitte von 4 Teigplatten mit etwas Frischkäse bestreichen und jeweils 1 Lachsfilet darauf setzen. Das Lachsfilet ebenfalls mit etwas Frischkäse bestreichen und darüber die Gemüsemischung verteilen.

Das Eigelb verquirlen und die Teigränder damit einpinseln. Die übrigen Blätterteigplatten bei Bedarf noch etwas ausrollen und über die Lachsfilets legen. Die Teigränder fest aneinander drücken. Mit einem scharfen Messer das eine Ende spitz zuschneiden und am anderen Ende 2 kleine Dreiecke herausschneiden, so dass eine Fischform entsteht.

Zum Schluss die Oberseite noch mit dem restlichen Eigelb bestreichen und im vorgeheizten Backofen bei 200 °C ca. 30 Minuten backen.

Pangasiusfilet in pikanter Soße

Ivonne Rosenstock *aus Uthleben*

Für 4–5 Personen
Vor- und Zubereitungszeit: 35 Minuten

1 Pck. bofrost*Pangasiusfilets (750 g)
Salz, weißer Pfeffer
Saft von 1/2 Zitrone
90 g Mehl
2 EL Olivenöl

Pikante Soße:
400 ml Fischfond
Saft von 1 Zitrone
150 g Frischkäse
2 EL Kräutersenf
1 EL Mehl
1 EL Butter
1 EL frisch gehackter Dill
1 EL bofrost*Kräuterprofi „Petersilie"
Salz, weißer Pfeffer
1 Prise Zucker
2 EL Sherry

Die gefrorenen Pangasiusfilets auf einen Porzellanteller legen, mit Klarsichtfolie abdecken und am besten über Nacht im Kühlschrank auftauen lassen. Am nächsten Tag kalt abwaschen, mit Küchenkrepp trockentupfen, mit Salz und Pfeffer würzen und mit Zitronensaft beträufeln.

Für die Soße den Fischfond mit dem Zitronensaft aufkochen und bei geringer Hitze ca. 10 Minuten einkochen lassen. Dann den Frischkäse und Kräutersenf glatt einrühren.

Mehl und Butter miteinander verkneten und portionsweise in die heiße Soße einrühren – sie darf nicht mehr kochen. Die Kräuter zugeben und mit Salz, Pfeffer, Zucker und Sherry abschmecken.

Die Pangasiusfilets im Mehl wenden und im heißen Olivenöl von beiden Seiten je 3 Minuten braten.

Den Fisch auf vorgewärmten Tellern anrichten und mit der Soße begießen.

Tipp: Dazu passt eine Wildreismischung.

Pangasiusfilets mit weißem Spargel und Senfsoße

Christiane Nünighoff *aus Bayreuth*

Für 4 Personen
Vor- und Zubereitungszeit: 50 Minuten

8 bofrost*Pangasiusfilets
Salz, weißer Pfeffer
1–2 TL Zitronensaft
1 kg weißer Spargel
1 Prise Zucker
50 g Butter

Senfsoße:
100 g Butter
2 Eigelbe
Salz, weißer Pfeffer
2 TL Zitronensaft
3 EL Weißwein
1 Prise Zucker
2 TL mittelscharfer Senf
2 TL süßer Senf

Die gefrorenen Pangasiusfilets auf einen Porzellanteller legen, mit Klarsichtfolie abdecken und am besten über Nacht im Kühlschrank auftauen lassen. Am nächsten Tag kalt abwaschen, mit Küchenkrepp trockentupfen, mit Salz und Pfeffer würzen und mit Zitronensaft beträufeln.

Den Spargel schälen, dabei die harten unteren Enden abschneiden. Zusammen mit 1 Prise Zucker und 10 Gramm Butter in kochendem Salzwasser 20 Minuten ziehen lassen. Herausnehmen und abtropfen lassen.

Die restliche Butter in einer Pfanne erhitzen und die Pangasiusfilets darin bei mittlerer Hitze von beiden Seiten je 2 bis 3 Minuten braten. Die Pfanne vom Herd nehmen und mit einem Deckel verschließen.

Für die Senfsoße die Butter schmelzen. Die Eigelbe mit Salz, Pfeffer, Zitronensaft, Weißwein, Zucker und den beiden Senfsorten in einer Metallschüssel mit einem Schneebesen verquirlen. Die Schüssel auf ein heißes Wasserbad setzen und zu einer dickflüssigen Creme aufschlagen. Nach und nach die flüssige Butter einrühren – die Soße darf auf keinen Fall kochen!

Den abgetropften Spargel mit den Pangasiusfilets und der Soße auf einer vorgewärmten Platte anrichten.

Röllchen vom Pangasiusfilet im Kräutercrêpe gefüllt mit Lachs und Spinat

Ilka Friess *aus Drage*

Für 4 Personen
Vorbereitungszeit: 1 Stunde 20 Minuten
Backzeit: 30 Minuten

Pfannkuchen-Fisch-Röllchen:
4 bofrost*Pangasiusfilets
2 bofrost*Lachsfilets
100 g bofrost*Blattspinat
Salz, weißer Pfeffer
1 Prise Muskat
1 TL bofrost*Kräuterprofi „Knoblauch"
10 ml Pernod
50 g Sahne
1 Eiweiß
40 g Butter

Kräuterpfannkuchen:
100 g Mehl
2 Eier
1 EL bofrost*Kräuterprofi „Kräutermischung"
1 Prise Salz
225 ml Milch
Butter zum Ausbacken

Soße:
100 ml Fischfond
100 g Sahne
50 ml trockener Weißwein
1 g gemahlener Safran
1 EL heller Soßenbinder
Salz, weißer Pfeffer

Beilage:
20 bofrost*Backofen-Herzogin-Kartoffeln
1 Eigelb
1 EL Sahne
320 g bofrost*Kaiserschoten

Außerdem:
Alufolie

Die gefrorenen Fischfilets auf einen Porzellanteller legen, mit Klarsichtfolie abdecken und am besten über Nacht im Kühlschrank auftauen lassen. Am nächsten Tag kalt abwaschen und mit Küchenkrepp trockentupfen. Die beiden Lachsfilets würfeln und kühl stellen; die Pangasiusfilets zwischen einer Klarsichtfolie leicht flach drücken.

Den Blattspinat in ein Sieb geben und auftauen lassen. Dann ausdrücken und mit Salz, Pfeffer, Muskat und gefrorenem Knoblauch würzen.

Während der Blattspinat auftaut, die Kräuterpfannkuchen zubereiten: Alle Teigzutaten miteinander verrühren. Den Teig portionsweise in wenig Fett in einer Pfanne ausbacken. Die Pfannkuchen auf Küchenkrepp abtropfen lassen und warm stellen.

Lachswürfel, Pernod, Sahne, Eiweiß, Salz und Pfeffer in eine Schüssel geben und mit einem Stabmixer zu einer glatten Farce pürieren.

Die Kräuterpfannkuchen mit der Hälfte der Lachsfarce bestreichen, die Pangasiusfilets darauf legen, mit Salz und Pfeffer würzen, mit der restlichen Lachsfarce bestreichen und mit Blattspinat belegen.

Die Butter schmelzen lassen und vier Stücke Alufolie – etwas größer als die Pfannkuchen – damit bestreichen. Die Pfannkuchen darauf legen und mit Hilfe der Alufolie zu Rouladen aufrollen. Die Enden wie bei einem Bonbon fest zusammendrehen.

Für die Soße Fischfond, Sahne, Weißwein und Safran in einem Topf miteinander aufkochen lassen, hellen Soßenbinder zugeben und mit Salz und Pfeffer würzen.

Inzwischen die Herzogin-Kartoffeln antauen lassen. Dann Eigelb und Sahne miteinander verquirlen und die Herzogin-Kartoffeln damit bepinseln.

Die Fischröllchen zusammen mit den Herzogin-Kartoffeln im vorgeheizten Backofen bei 200 °C ca. 30 Minuten garen.

Währenddessen die gefrorenen Kaiserschoten 1 Minute in etwas kochendes Wasser geben, herausnehmen und in einem Sieb abtropfen lassen.

Die Fischröllchen herausnehmen, die Enden mit einem scharfen Messer gerade abschneiden, die Folie vorsichtig entfernen und die Röllchen in 3 cm breite Scheiben aufschneiden. Fischröllchen mit Herzogin-Kartoffeln und Kaiserschoten auf Tellern anrichten und mit der Soße umgießen.

Überbackene Schollenfilets

Roswitha Spies *aus Sulzbach-Rosenberg*

Für 4 Personen
Vorbereitungszeit: 45 Minuten
Backzeit: 25 Minuten

4 bofrost*Schollenfilets, naturbelassen
750 g mittelgroße Kartoffeln
Salz
1 großes Bund glatte Petersilie
1 Thymianzweig
2 Knoblauchzehen
10 EL Olivenöl
weißer Pfeffer
125 ml Fleischbrühe
50 g frisch geriebener Parmesan

Die gefrorenen Schollenfilets auf einen Porzellanteller legen, mit Klarsichtfolie abdecken und am besten über Nacht im Kühlschrank auftauen lassen. Am nächsten Tag kalt abwaschen und mit Küchenkrepp trockentupfen.

Die Kartoffeln waschen und in kochendem Salzwasser garen; dann abgießen, pellen und in Scheiben schneiden.

Die Kräuter waschen, trockenschütteln, die Blättchen von den Stielen zupfen und fein hacken. Den Knoblauch abziehen und ebenfalls fein hacken. Mit 9 Esslöffeln Olivenöl vermischen und mit Salz und Pfeffer würzen.

Eine Auflaufform mit dem restlichen Olivenöl ausstreichen, die Hälfte der Kartoffelscheiben einschichten und diese salzen und pfeffern. 1/3 der Kräutermischung darauf verteilen, die Schollenfilets darauf legen, erneut salzen und pfeffern und mit einem weiteren Kräuterdrittel bestreichen. Mit den restlichen Kartoffelscheiben bedecken und einer Kräuterschicht abschließen.

Das Gratin mit der Fleischbrühe übergießen, mit dem Parmesan bestreuen und im vorgeheizten Backofen bei 220 °C ca. 25 Minuten überbacken. Herausnehmen und gleich servieren.

Tipp: Dazu passt ein grüner Salat.

Schollenfilet mit Tomaten

Marion Machleb *aus Jüchen*

Für 4 Personen
Vor- und Zubereitungszeit: 30 Minuten

8 bofrost*Schollenfilets, naturbelassen
Salz, weißer Pfeffer
2 EL Zitronensaft
4 Fleischtomaten
4 Schalotten
2 Knoblauchzehen
6 EL Olivenöl
1 EL bofrost*Kräuterprofi „Petersilie“

Die gefrorenen Schollenfilets auf einen Porzellanteller legen, mit Klarsichtfolie abdecken und am besten über Nacht im Kühlschrank auftauen lassen. Am nächsten Tag kalt abwaschen, mit Küchenkrepp trockentupfen, mit Salz und Pfeffer würzen und mit Zitronensaft beträufeln.

Die Tomaten waschen, ca. 5 Sekunden in kochendes Wasser geben, abgießen, kalt abschrecken und häuten. Das Fruchtfleisch halbieren, entkernen und würfeln.

Schalotten und Knoblauch abziehen; die Schalotten fein hacken, den Knoblauch durch eine Presse drücken.

4 Esslöffel Olivenöl in einer Pfanne erhitzen und die Schollenfilets darin von beiden Seiten je 3 Minuten anbraten. Herausnehmen und warm stellen.

Das restliche Olivenöl in derselben Pfanne erhitzen und die Schalotten darin glasig anschwitzen. Tomaten und Knoblauch zugeben und alles 2 Minuten dünsten. Die gefrorene Petersilie untermischen und alles mit Salz und Pfeffer würzen.

Je 2 Schollenfilets auf einem Teller anrichten und das Tomatengemüse darauf verteilen.

Seelachsfilet auf mediterrane Art

Gudrun Freitag *aus Isernhagen*

Für 4 Personen
Vor- und Zubereitungszeit: 35 Minuten

4 bofrost*Seelachsfilets (Köhler)
etwas Mehl
1/2 Pck. bofrost*Ratatouille
(1 Kochbeutel à 400 g)
2 Zwiebeln
2 Knoblauchzehen
3 EL Olivenöl
125 ml trockener Weißwein
1 Pck. passierte Tomaten (250 g)
Salz, schwarzer Pfeffer aus der Mühle
2 Msp. Kreuzkümmel
2 Zweige frischer Thymian
1/2 TL getrockneter Thymian
1 Lorbeerblatt

Die gefrorenen Seelachsfilets auf einen Porzellanteller legen, mit Klarsichtfolie abdecken und am besten über Nacht im Kühlschrank auftauen lassen. Am nächsten Tag kalt abwaschen, mit Küchenkrepp trockentupfen und in wenig Mehl wenden.

Das Ratatouille im Kochbeutel am besten ebenfalls über Nacht im Kühlschrank auftauen lassen.

Zwiebeln und Knoblauch abziehen; die Zwiebeln klein würfeln, die Knoblauchzehen durch eine Presse drücken.

Das Olivenöl in einer großen Pfanne erhitzen und die Seelachsfilets darin in 2 Minuten von beiden Seiten anbraten. Den Fisch aus der Pfanne nehmen und warm stellen. Zwiebeln und Knoblauch in derselben Pfanne ca. 3 Minuten anschwitzen. Mit dem Weißwein ablöschen.

Die passierten Tomaten und das Ratatouille untermengen, mit Salz, Pfeffer, Kreuzkümmel, dem gesamten Thymian und dem Lorbeerblatt würzen. Die Fischfilets auflegen und 10 bis 15 Minuten garen lassen.

Thymianzweige und Lorbeerblatt herausnehmen und die Fischfilets mit dem Gemüse auf vorgewärmten Tellern anrichten.

Tipp: Mit Langkornreis oder Weißbrot servieren.

Schollenfilet in Parmesanpanade

Josef Detter *aus Kühbach*

Für 4 Personen
Vor- und Zubereitungszeit: 25 Minuten

4 bofrost*Schollenfilets, naturbelassen
Salz, weißer Pfeffer
4 EL Mehl
2 Eier
4 EL Parmesan
4 EL Butter oder Margarine

Die gefrorenen Schollenfilets auf einen Porzellanteller legen, mit Klarsichtfolie abdecken und am besten über Nacht im Kühlschrank auftauen lassen. Am nächsten Tag kalt abwaschen, mit Küchenkrepp trockentupfen, mit Salz und Pfeffer würzen und im Mehl wenden.

Ei und Parmesan mit einem Schneebesen verquirlen und die Schollenfilets darin wenden.

Die Butter in einer Pfanne erhitzen und die Schollenfilets von beiden Seiten jeweils 3 Minuten braten. Herausnehmen und sofort servieren.

*Tipp: Dazu Salzkartoffeln und ein Gemüse reichen, z. B. bofrost*Butterpfannengemüse oder bofrost*Gemüse-Mix „Fantastico".*

Die besten Rezepte unserer Kunden

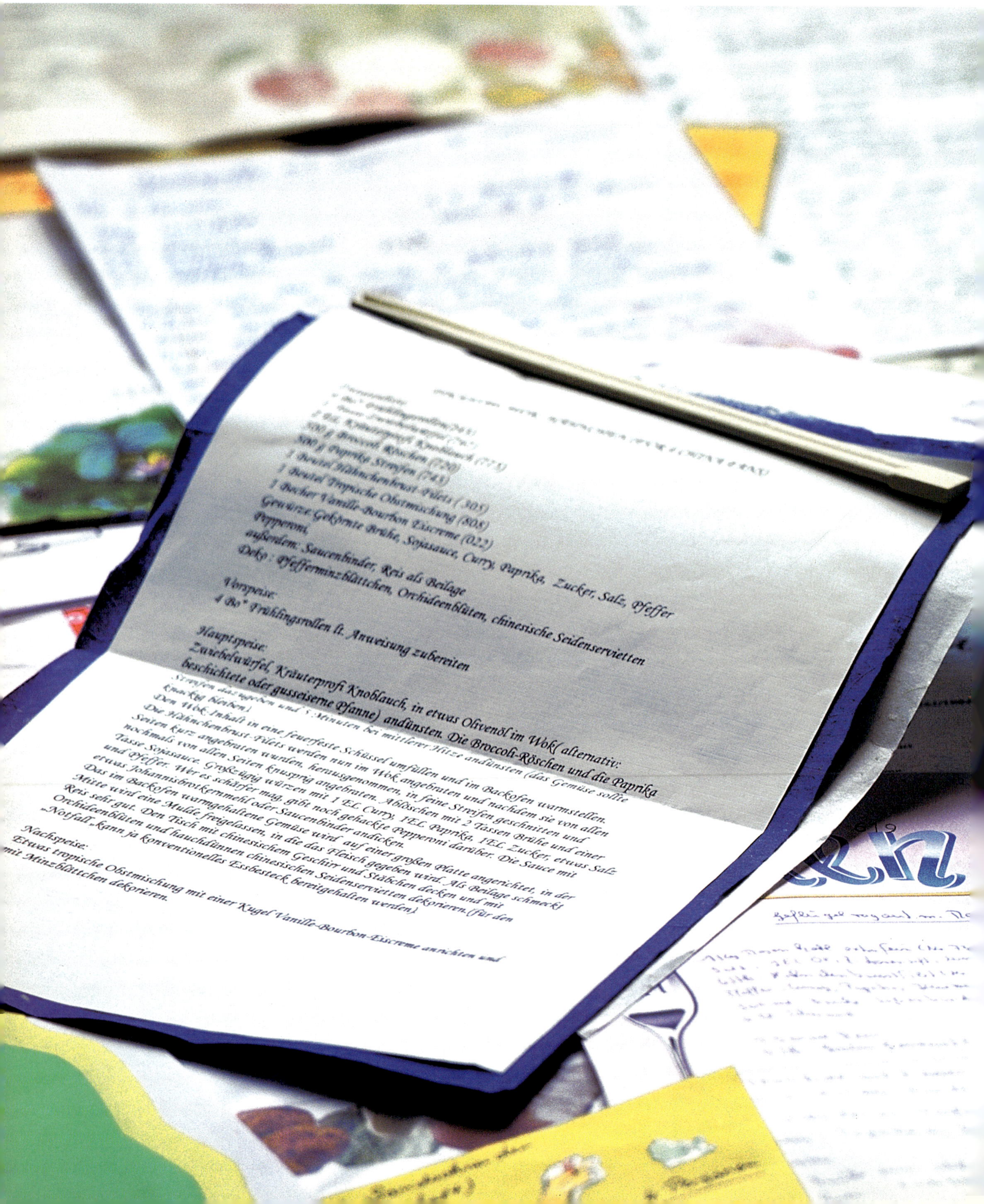

Geflügel

Hähnchenschenkel à la Gabriella

Gabriele Ramming *aus Kulmbach*

Für 2 Personen
Vorbereitungszeit: 20 Minuten
Garzeit: 30 Minuten

2 bofrost*Ganze Schenkel von Hähnchen
Salz, schwarzer Pfeffer aus der Mühle
1 Zwiebel
1 Knoblauchzehe
2 EL Olivenöl
1 Dose Pizzatomaten (400 g)
2 TL getrocknete italienische Kräuter
1 TL gekörnte Instant-Gemüsebrühe
3 EL Sahne

Die gefrorenen Hähnchenschenkel auf einen Porzellanteller legen, mit Klarsichtfolie abdecken und am besten über Nacht im Kühlschrank auftauen lassen. Am nächsten Tag kalt abwaschen, mit Küchenkrepp trockentupfen und mit Salz und Pfeffer würzen.

Zwiebel und Knoblauch abziehen und fein würfeln.

Das Olivenöl in einer Pfanne erhitzen und die Hähnchenschenkel darin in ca. 10 Minuten von beiden Seiten anbraten. Herausnehmen und in eine Auflaufform von ca. 12 x 18 cm geben.

In derselben Pfanne Zwiebel- und Knoblauchwürfel glasig anschwitzen. Pizzatomaten, italienische Kräuter Salz und Pfeffer, gekörnte Gemüsebrühe und Sahne dazugeben, alles gut miteinander verrühren und aufkochen lassen.

Die Hähnchenschenkel mit der Soße begießen und im vorgeheizten Backofen bei 180 °C ca. 30 Minuten garen. Herausnehmen und servieren.

Tipp: Dazu Reis oder Baguette reichen.
*Anstatt Hähnchenschenkel kann man auch sehr gut Fischfilet verwenden (z. B. bofrost*Kabeljaufilet, naturbelassen, oder bofrost*Alaska-Seelachsfilet, naturbelassen). Die Garzeit verkürzt sich dann auf ca. 20 Minuten.*

Italienisches Hähnchen aus dem Römertopf

Tanja Stengelin *aus Tuttlingen*

Für 4 Personen
Vorbereitungszeit: 15 Minuten
Garzeit: 1 Stunde 40 Minuten

4 bofrost*Ganze Schenkel von Hähnchen
Salz, schwarzer Pfeffer aus der Mühle
300 g kleine Zwiebeln
2 Knoblauchzehen
1 Dose geschälte Tomaten (400 g)
1 TL Oregano
100 ml trockener Weißwein
100 ml Rotwein
750 g bofrost* Italienisches Pfannengemüse

Die gefrorenen Hähnchenschenkel auf einen Porzellanteller legen, mit Klarsichtfolie abdecken und am besten über Nacht im Kühlschrank auftauen lassen. Am nächsten Tag kalt abwaschen, mit Küchenkrepp trockentupfen und mit Salz und Pfeffer würzen.

Den Römertopf wässern. Zwiebeln und Knoblauch abziehen, die Zwiebeln in Viertel schneiden, den Knoblauch durch eine Presse drücken.

Die Tomaten mit dem Saft in den Römertopf gießen, Zwiebeln und Knoblauch dazugeben und mit Salz, Pfeffer und Oregano sowie dem Weiß- und Rotwein mischen. Die Hähnchenschenkel nebeneinander darauf legen.

Den Topf schließen und in den kalten Backofen schieben. Das Gericht bei 220 °C etwa 1 Stunde und 20 Minuten garen. Danach den Deckel vom Topf nehmen, die Hähnchenschenkel herausnehmen, das gefrorene italienische Pfannengemüse einfüllen und die Hähnchenschenkel wieder obenauf legen. Weitere 20 Minuten ohne Deckel im Backofen garen. Herausnehmen und auf Tellern anrichten.

Tipp: Wer keinen Römertopf hat, kann auch eine ofenfeste Form mit Deckel verwenden.

Spanische Hähnchenpfanne

Carola Urban *aus Krefeld*

Für 4 Personen
Vorbereitungszeit: 35 Minuten
Garzeit: 30–35 Minuten

4 bofrost*Ganze Schenkel von Hähnchen
Salz, schwarzer Pfeffer aus der Mühle
400 g Kartoffeln
1 Aubergine
2 kleine Zucchini
250 ml Hühnerbrühe
2 EL Olivenöl
2 Dosen geschälte Tomaten (à 400 g)
230 g Chorizo (Chili-Paprika-Wurst)
2–3 kleine Chilischoten
10–20 schwarze, entsteinte Oliven
4 EL Crème fraîche

Die gefrorenen Hähnchenschenkel auf einen Porzellanteller legen, mit Klarsichtfolie abdecken und am besten über Nacht im Kühlschrank auftauen lassen. Am nächsten Tag kalt abwaschen, mit Küchenkrepp trockentupfen und mit Salz und Pfeffer würzen.

Die Kartoffeln waschen, schälen und klein würfeln. Aubergine und Zucchini waschen, putzen und ebenfalls in Würfel schneiden. Die Hühnerbrühe erhitzen.

Das Olivenöl in einem großen Bräter erhitzen und die Hähnchenschenkel darin von beiden Seiten anbraten. Kartoffel-, Auberginen- und Zucchiniwürfel zufügen und mit den geschälten Tomaten ablöschen. Die heiße Hühnerbrühe angießen, so dass die Kartoffeln mit Flüssigkeit bedeckt sind, und alles kurz aufkochen lassen.

Inzwischen Chorizo und Chilischoten in Scheiben aufschneiden. Zusammen mit den Oliven zur Hähnchenpfanne geben, untermischen und alles vorsichtig mit Salz und Pfeffer würzen.

Den Bräter zudecken und im vorgeheizten Backofen bei 180 °C 30 bis 35 Minuten garen lassen. Herausnehmen, Hähnchenpfanne auf Tellern verteilen und mit jeweils 1 Esslöffel Crème fraîche servieren.

Vorsicht! *Chilischoten sind sehr scharf; daher unbedingt nach der Verarbeitung die Hände gründlich waschen und nicht mit den Händen an die Augen kommen.*

Huhn indisch

Ulla Philipps *aus Marktredwitz*

Für 2 Personen
Vorbereitungszeit: 15 Minuten
Garzeit: 1 Stunde

2 bofrost*Ganze Schenkel von Hähnchen
80–100 g gemischtes Dörrobst
1 Banane
2 EL Öl
1 geh. EL Currypulver
500 ml Gemüsebrühe

Die gefrorenen Hähnchenschenkel auf einen Porzellanteller legen, mit Klarsichtfolie abdecken und am besten über Nacht im Kühlschrank auftauen lassen. Am nächsten Tag kalt abwaschen und mit Küchenkrepp trockentupfen.

Das Dörrobst klein würfeln. Die Banane schälen und in Scheiben aufschneiden.

Das Öl in einer Kasserolle erhitzen und die Hähnchenschenkel darin von beiden Seiten in ca. 4 bis 5 Minuten anbraten. Herausnehmen, auf einen Teller legen und warm stellen.

Den Bratensatz mit etwas Gemüsebrühe vom Topfboden lösen, das Currypulver einrühren, Dörrobstwürfel und Bananenscheiben dazugeben. Alles 3 Minuten dünsten lassen, dann die restliche Gemüsebrühe zugießen, kurz aufkochen lassen und die Hähnchenschenkel dazugeben. Den Topf mit einem Deckel verschließen und die Hähnchenschenkel 1 Stunde bei geringer Hitze garen.

Tipp: Am besten passt Reis dazu.

Mandarinenhähnchen

Wolf-Dieter Schimmank *aus Dresden*

Für 4 Personen
Vor- und Zubereitungszeit: 1 Stunde 10 Minuten

4 bofrost*Ganze Schenkel von Hähnchen
Salz, schwarzer Pfeffer aus der Mühle
2 TL edelsüßes Paprikapulver
50 g Rosinen
100 ml Madeira
1 Dose Mandarinen (170 g)
125 ml Hühnerbrühe
2 EL Öl
1 TL bofrost*Kräuterprofi „Knoblauch"
1 TL Speisestärke
1 EL Sojasauce
1/2 TL frischer, geriebener Ingwer
125 g Sahne
20 g Butter
50 g Mandelblätter

Die gefrorenen Hähnchenschenkel auf einen Porzellanteller legen, mit Klarsichtfolie abdecken und am besten über Nacht im Kühlschrank auftauen lassen. Am nächsten Tag kalt abwaschen, mit Küchenkrepp trockentupfen und mit Salz, Pfeffer und Paprikapulver würzen.

Die Rosinen im Madeira einweichen. Die Mandarinen in einem Sieb abtropfen lassen, dabei den Saft auffangen. Die Hühnerbrühe erhitzen.

Inzwischen das Öl in einer Pfanne erhitzen und die Hähnchenschenkel darin in 10 Minuten von beiden Seiten knusprig braten. Mit dem Mandarinensaft ablöschen und dem gefrorenen Knoblauch würzen. Die heiße Hühnerbrühe dazugießen und zugedeckt bei mittlerer Hitze 30 Minuten garen.

Die eingeweichten Rosinen und die Mandarinen zugeben und weitere 10 Minuten ziehen lassen. Die Hähnchenschenkel herausnehmen und warm stellen.

Die Speisestärke in wenig kaltem Wasser glatt anrühren, in die Soße einrühren und mit Sojasauce und Ingwer abschmecken. Die Sahne leicht schlagen und vorsichtig unterziehen. Die Butter in einem kleinen Pfännchen erhitzen und die Mandelblättchen darin anrösten.

Die Hähnchenschenkel auf einer tiefen Platte anrichten, mit der Soße übergießen und mit Mandelblättchen bestreuen.

Hähnchenschenkel mit Backpflaumen, Aprikosen und Zimt

Jürgen Vorwerck *aus Marktoberdorf*

Für 4 Personen
Vor- und Zubereitungszeit: 45 Minuten

4 bofrost*Ganze Schenkel von Hähnchen
Salz, schwarzer Pfeffer aus der Mühle
1 Zwiebel
1 Knoblauchzehe
3 EL Olivenöl
500 ml Hühnerbrühe
1 kl. Zimtstange
1 Dose Pizzatomaten (400 g)
1 TL frischer, geriebener Ingwer
10 Backpflaumen
8 getrocknete Aprikosen
einige Spritzer Zitronensaft

Die gefrorenen Hähnchenschenkel auf einen Porzellanteller legen, mit Klarsichtfolie abdecken und am besten über Nacht im Kühlschrank auftauen lassen. Am nächsten Tag kalt abwaschen, mit Küchenkrepp trockentupfen und mit Salz und Pfeffer würzen.

Zwiebel und Knoblauch abziehen. Die Zwiebel klein würfeln, den Knoblauch durch eine Presse drücken.

Das Öl in einer großen Pfanne erhitzen und die Hähnchenschenkel darin 5 Minuten von allen Seiten anbraten. Die Zwiebelwürfel zufügen und 3 Minuten mitbraten, dann mit der Hühnerbrühe ablöschen.

Zimtstange und Pizzatomaten dazugeben und 20 Minuten köcheln lassen. Danach Knoblauch, Ingwer, Backpflaumen und Aprikosen untermischen und ca. 10 Minuten sämig einköcheln lassen. Mit Salz, Pfeffer und Zitronensaft abschmecken.

Tipp: Dazu sollte man Couscous servieren.

Ungarisches Paprikahuhn

Doreen Müller *aus Rosenau*

Für 4–6 Personen
Vor- und Zubereitungszeit: 1 Stunde 15 Minuten

6 bofrost*Ganze Schenkel von Hähnchen
Salz, schwarzer Pfeffer aus der Mühle
500 g Zwiebeln
500 g Tomaten
3 EL Olivenöl
1 EL edelsüßes Paprikapulver
4 EL Zucker
1/2 Pck. bofrost*Paprikastreifen (500 g)
1/2 Pck. bofrost*Champignons in Scheiben (500 g)
2 cl Cognac

Die gefrorenen Hähnchenschenkel auf einen Porzellanteller legen, mit Klarsichtfolie abdecken und am besten über Nacht im Kühlschrank auftauen lassen. Am nächsten Tag kalt abwaschen, mit Küchenkrepp trockentupfen und mit Salz und Pfeffer würzen.

Die Zwiebeln abziehen und vierteln. Die Tomaten waschen und ebenfalls in Viertel schneiden.

Das Olivenöl auf einem Backblech im auf 180 °C vorgeheizten Backofen erhitzen und die Hähnchenschenkel darin in ca. 15 Minuten auf beiden Seiten anbraten. Die Hähnchenschenkel herausnehmen und mit Paprikapulver bestäuben.

Den Zucker in das Bratenfett einrühren und leicht karamellisieren lassen (Vorsicht: der Zucker verbrennt leicht und schmeckt dann bitter). Dann die Hähnchenschenkel in der Zucker-Öl-Soße wenden, wieder herausnehmen und auf einem Teller beiseite stellen.

Die Zwiebelviertel auf das Blech geben und glasig anschwitzen lassen. Danach die gefrorenen Paprikastreifen und Champignons sowie die Tomatenviertel zufügen. Alles mit Salz, Pfeffer und Paprikapulver würzen und dann die Hähnchenschenkel auf das Gemüse betten.

Etwa 25 Minuten im Backofen garen. Während des Garens die Hähnchenschenkel gelegentlich wenden, damit sie auf beiden Seiten bräunen.

In den letzten 5 Minuten den Cognac in das Gemüse einrühren und eventuell noch etwas Wasser nachgießen. Das Gemüse in einer Schüssel, die Hähnchenschenkel auf einer Platte anrichten.

Tipp: Dazu passt Reis.

Hähnchen-Brustfilets in Balsamico-Essig

Ruth Hermann *aus Frankfurt am Main*

Für 4 Personen
Vor- und Zubereitungszeit: 55 Minuten

4 bofrost*Hähnchen-Brustfilets, naturbelassen
4 EL Öl
2 Schalotten
50 g Butter
100 ml Balsamico-Essig
3 Knoblauchzehen
1 EL Senf
100 ml pürierte Tomaten
100 ml trockener Weißwein
250 g Crème fraîche
Salz, schwarzer Pfeffer aus der Mühle
Worcestershire-Sauce nach Geschmack

Die gefrorenen Hähnchen-Brustfilets auf einen Porzellanteller legen, mit Klarsichtfolie abdecken und am besten über Nacht im Kühlschrank auftauen lassen. Am nächsten Tag kalt abwaschen und mit Küchenkrepp trockentupfen.

Das Öl in einer großen Pfanne erhitzen und die Hähnchen-Brustfilets darin in ca. 10 Minuten auf beiden Seiten anbraten. Herausnehmen und beiseite stellen.

Inzwischen die Schalotten abziehen und fein hacken. In derselben Pfanne die Butter erhitzen, die Schalotten darin glasig anschwitzen, mit dem Balsamico-Essig ablöschen und die Hähnchen-Brustfilets zusammen mit den ungeschälten Knoblauchzehen hineinlegen. Die Pfanne mit einem Deckel verschließen und alles bei geringer Hitze 10 Minuten garen lassen.

Die Hähnchen-Brustfilets herausnehmen und warm stellen. Senf, pürierte Tomaten und Weißwein miteinander vermischen und in die Pfanne gießen. Die Flüssigkeit sämig einkochen lassen. Die Crème fraîche unterrühren und nochmals einkochen lassen, bis die Soße die gewünschte Konsistenz hat.

Die Knoblauchzehen herausnehmen und die Soße mit Salz, Pfeffer und Worcestershire-Sauce abschmecken. Die Hähnchen-Brustfilets wieder hineinlegen und heiß servieren.

Tipp: Als Beilage eignet sich Reis oder Weißbrot.

Hähnchenpfanne

Ina Balling *aus Münnerstadt-Großwenkheim*

Für 4 Personen
Vor- und Zubereitungszeit: 40 Minuten

4 bofrost*Hähnchen-Brustfilets, naturbelassen
Salz, schwarzer Pfeffer aus der Mühle
1 Zwiebel
1 EL Butterschmalz
500 g bofrost*Champignons in Scheiben
200 g Sahne
150 g Frischkäse (Doppelrahmstufe)

Die gefrorenen Hähnchen-Brustfilets auf einen Porzellanteller legen, mit Klarsichtfolie abdecken und am besten über Nacht im Kühlschrank auftauen lassen. Am nächsten Tag kalt abwaschen, mit Küchenkrepp trockentupfen und mit Salz und Pfeffer würzen.

Die Zwiebel abziehen und fein würfeln.

Das Butterschmalz in einer Pfanne erhitzen und die Hähnchen-Brustfilets darin in 5 Minuten von beiden Seiten anbraten. Herausnehmen und warm stellen.

In derselben Pfanne die Zwiebelwürfel und die gefrorenen Champignons 5 Minuten anschwitzen. Mit der Sahne ablöschen und aufkochen lassen. Den Frischkäse unterrühren und mit Salz und Pfeffer abschmecken. Die Hähnchenfilets wieder hineinlegen und 10 Minuten ziehen lassen.

*Tipp: Dazu passen bofrost*Original schwäbische Eierspätzle und in Butter geschwenkte bofrost*Broccoli-Röschen.*

Hähnchen-Brustfilet mit Mango-Chutney und Zitronenreis

Monika Kemmer *aus Bergisch Gladbach*

Für 4 Personen
Vor- und Zubereitungszeit: 40 Minuten

4 bofrost*Hähnchen-Brustfilets, naturbelassen
Salz, schwarzer Pfeffer aus der Mühle
2 EL Öl

Mango-Chutney:
1 große Mango
2 EL Crème double oder Schmand
1 EL gemahlene Haselnüsse
Salz, schwarzer Pfeffer aus der Mühle
1 Prise Ingwerpulver

Zitronenreis:
400 g Basmati-Reis
1 l Wasser
1/2 TL Salz
1 EL Margarine oder Butterschmalz
1/2 TL Kurkuma
1 TL Kreuzkümmel
4 EL Zitronensaft
1 EL frisch gehackte Petersilie

Die gefrorene Hähnchen-Brustfilets auf einen Porzellanteller legen, mit Klarsichtfolie abdecken und am besten über Nacht im Kühlschrank auftauen lassen. Am nächsten Tag kalt abwaschen, mit Küchenkrepp trockentupfen und mit Salz und Pfeffer kräftig würzen.

Den Basmati-Reis ca. 15 Minuten in ausreichend kaltem Wasser einweichen und dann in einem Sieb abtropfen lassen. Währenddessen Wasser mit Salz aufkochen.

Die Mango mit einem Sparschäler schälen, das Fruchtfleisch in Scheiben vom Kern abschneiden, würfeln und mit einem Stabmixer pürieren. In das Mus alle weiteren Zutaten für das Mango-Chutney einrühren und pikant abschmecken.

Die Margarine in einem Topf erhitzen, den Basmati-Reis darin 5 Minuten anrösten, dabei immer wieder umrühren. Kurkuma und Kreuzkümmel einrühren, das kochende Salzwasser dazugießen und alles 1 Minute kochen lassen. Den Topf mit einem Deckel verschließen und den Reis bei geringer Hitze 15 Minuten köcheln lassen. Zum Schluss den Zitronensaft und die Petersilie einrühren.

Inzwischen das Öl in einer Pfanne erhitzen, die Hähnchen-Brustfilets darin bei mittlerer Hitze in 10 Minuten auf beiden Seiten braten.

Die Hähnchen-Brustfilets auf Tellern anrichten, den Zitronenreis dazugeben und mit etwas Mango-Chutney servieren.

Hähnchen-Brustfilet in Curry-Apfel-Mango-Soße

Ulrike Stauf *aus Cochem*

Für 4 Personen
Vor- und Zubereitungszeit: 45 Minuten

4 bofrost*Hähnchen-Brustfilets, naturbelassen
Salz, weißer Pfeffer
1 Zwiebel
1 Apfel
1 Mango
2 EL Öl
1 EL Butter
1 EL Currypulver
250 ml Gemüsebrühe
125 g Sahne
1 EL heller Soßenbinder
Salz
1 Prise Zucker

Die gefrorenen Hähnchen-Brustfilets auf einen Porzellanteller legen, mit Klarsichtfolie abdecken und am besten über Nacht im Kühlschrank auftauen lassen. Am nächsten Tag kalt abwaschen, mit Küchenkrepp trockentupfen und mit Salz und Pfeffer würzen.

Die Zwiebel abziehen und fein würfeln. Den Apfel schälen, vierteln, das Kerngehäuse entfernen und das Fruchtfleisch würfeln. Die Mango schälen, das Fruchtfleisch vom Stein schneiden und klein würfeln.

Das Öl in einer Pfanne erhitzen und die Hähnchen-Brustfilets darin in 10 Minuten von beiden Seiten braten. Herausnehmen und warm stellen.

Die Butter in derselben Pfanne erhitzen und die Zwiebel- und Apfelwürfel darin kurz anschwitzen. Das Currypulver darüber streuen und 1 Minute anrösten. Mit der Gemüsebrühe und Sahne ablöschen, alles aufkochen lassen und dann mit dem Soßenbinder andicken.

Die Mangostückchen dazugeben, erhitzen, aber nicht mehr kochen lassen.
Die Soße mit Salz und Zucker abschmecken, die Hähnchen-Brustfilets einlegen, 5 Minuten ziehen lassen und servieren.

Kokos-Curry-Hähnchen

Birgit Tepe *aus Neuenkirchen-Vörden*

Für 6 Personen
Vor- und Zubereitungszeit: 50 Minuten

6 bofrost*Hähnchen-Brustfilets, naturbelassen
1 Dose Kokosmilch (200 ml)
1 EL Currypulver
1/2 TL Sambal Oelek
Salz
3 Prisen Zucker
3 EL Austernsoße (Asia-Laden)
2 EL Öl
500 g Basmati-Reis
800 g bofrost*Chinesische Gemüsepfanne
1/2 Bund Koriander
1 Mango
1 Glas Mango-Chutney (225 g)
Sojasauce nach Geschmack

Die gefrorenen Hähnchen-Brustfilets auf einen Porzellanteller legen, mit Klarsichtfolie abdecken und am besten über Nacht im Kühlschrank auftauen lassen. Am nächsten Tag kalt abwaschen, mit Küchenkrepp trockentupfen.

Kokosmilch, Currypulver, Sambal Oelek, Salz, Zucker und Austernsoße miteinander verrühren.

Das Öl in einer ofenfesten Pfanne erhitzen und die Hähnchen-Brustfilets darin in insgesamt 4 Minuten von beiden Seiten anbraten. Mit der Kokos-Gewürz-Soße übergießen und ohne Hitzezufuhr ca. 1 Minute ziehen lassen. Die Hähnchen-Brustfilets im vorgeheizten Backofen bei 200 °C in 20 Minuten fertig garen.

Inzwischen den Basmati-Reis in kochendem Salzwasser nach Packungsanweisung garen, in ein Sieb abgießen und abtropfen lassen. Die gefrorene Gemüsepfanne in einer Pfanne aufkochen und mit dem Reis vermischen.

Den Koriander waschen, trockenschütteln, Blättchen von den Stielen zupfen und fein hacken. Die Mango schälen, das Fruchtfleisch vom Stein schneiden und würfeln. Mango, Koriander und Mango-Chutney verrühren.

Die Hähnchen-Brustfilets auf einer vorgewärmten Platte anrichten, den Gemüsereis dazugeben und mit der Mango-Chutney-Soße servieren. Nach Belieben mit Sojasauce würzen.

Indientopf

Birgit Krull *aus Lingen*

Für 4 Personen
Vor- und Zubereitungszeit: 30 Minuten

4 bofrost*Hähnchen-Brustfilets, naturbelassen
1 Zwiebel
1 Apfel
2 EL Öl
1 Dose Ananas in Stücken (400 g)
100 ml Geflügelbrühe
1 EL Sojasauce
1 EL Currypulver
200 g Curry-Gewürzketchup
Salz
1 Prise Zucker

Die gefrorenen Hähnchen-Brustfilets auf einen Porzellanteller legen, mit Klarsichtfolie abdecken und am besten über Nacht im Kühlschrank auftauen lassen. Am nächsten Tag kalt abwaschen, mit Küchenkrepp trockentupfen und klein würfeln.

Die Zwiebel abziehen und fein würfeln. Den Apfel schälen, vierteln, das Kerngehäuse entfernen und das Fruchtfleisch ebenfalls würfeln.

Das Öl in einer Pfanne erhitzen und die Hähnchenwürfel darin 4 bis 5 Minuten anbraten. Dann die Zwiebelwürfel, Apfelwürfel und die Ananasstücke mit Saft zugeben und kurz anschwitzen.

Mit der Geflügelbrühe ablöschen, mit Sojasauce, Currypulver und Gewürzketchup würzen und 10 Minuten garen. Mit Salz und Zucker abschmecken und gleich servieren.

Tipp: Dazu Reis servieren.

Sommerwok – Hähnchen-Brustfilet mit Gemüse und Nudeln

Daniela Mack *aus Lörrach*

Für 4 Personen
Vor- und Zubereitungszeit: 30 Minuten

4 bofrost*Hähnchen-Brustfilets, naturbelassen
1 EL mildes Currypulver
1 EL Sojasauce
3 mittelgroße Möhren
300 g Nudeln (z. B. Farfalle)
Salz
2 EL Öl
150 ml Gemüsebrühe
300 g bofrost*Mais
250 g bofrost*Kaiserschoten
schwarzer Pfeffer aus der Mühle
1 EL bofrost*Kräuterprofi „Petersilie"

Die gefrorenen Hähnchen-Brustfilets auf einen Porzellanteller legen, mit Klarsichtfolie abdecken und am besten über Nacht im Kühlschrank auftauen lassen. Am nächsten Tag kalt abwaschen, mit Küchenkrepp trockentupfen, in ca. 2 cm große Würfel schneiden, mit etwas Currypulver bestäuben und mit der Sojasauce beträufeln.

Die Möhren putzen, waschen und in dünne Scheibchen schneiden. Die Nudeln in kochendem Salzwasser nach Packungsanweisung bissfest garen, in ein Sieb abgießen und abtropfen lassen.

Das Öl in einem Wok erhitzen und die Hähnchenwürfel und Möhrenscheibchen darin 3 Minuten von allen Seiten anbraten. Mit der Gemüsebrühe ablöschen und weitere 5 Minuten garen lassen. Den gefrorenen Mais und die gefrorenen Kaiserschoten zugeben und nochmals 5 Minuten garen lassen. Mit dem restlichen Currypulver, Salz und Pfeffer pikant abschmecken.

Die heißen Nudeln unter die Hähnchen-Gemüse-Mischung rühren und alles nochmals erhitzen. Die gefrorene Petersilie untermischen und gleich servieren.

Tipp: Wer keinen Wok hat, kann auch eine große Pfanne verwenden.

Andreas Orangenhähnchen

Andrea Schenk *aus Olsberg-Wiemeringhausen*

Für 2-4 Personen
Vorbereitungszeit: 30 Minuten
Garzeit: 10 Minuten

4 bofrost*Hähnchen-Brustfilets, naturbelassen
Salz, schwarzer Pfeffer aus der Mühle
3 Orangen
150 ml Hühnerbrühe
1–2 EL Zucker, nach Geschmack
2 EL Mehl
100 ml Wasser
2 EL Sonnenblumenöl
2 EL Paniermehl
frische Minze

Die gefrorenen Hähnchen-Brustfilets auf einen Porzellanteller legen, mit Klarsichtfolie abdecken und am besten über Nacht im Kühlschrank auftauen lassen. Am nächsten Tag kalt abwaschen, mit Küchenkrepp trockentupfen und mit Salz und Pfeffer würzen.

2 Orangen auspressen. Die 3. Orange schälen und die Filets auslösen.

Die Hühnerbrühe in einem kleinen Topf aufkochen lassen, den Saft von 1 Orange dazugießen und mitkochen lassen. Mit dem Zucker abschmecken.

2 bis 3 Orangenfilets klein würfeln und in die Hühnerbrühe geben. Den restlichen Orangensaft mit dem Mehl und dem Wasser glatt anrühren und die Brühe damit binden. Mit Salz und Pfeffer abschmecken.

Inzwischen 1 Esslöffel Sonnenblumenöl in einer Pfanne erhitzen und die Hähnchen-Brustfilets darin 10 Minuten anbraten. Die Hähnchen-Brustfilets in die Soße geben und den Topf von der Herdplatte nehmen.

Etwas Soße abnehmen und auf einen Teller geben. Die restlichen Orangenfilets darin wälzen, im Paniermehl wenden und kurz im restlichen heißen Öl in einer beschichteten Pfanne von beiden Seiten anbraten. Die Hähnchen-Brustfilets mit der Soße auf Tellern anrichten, die Orangenfilets an die Seite legen und – wer möchte – mit frischer Minze garnieren.

Hähnchen mit Erdnüssen

Yiqun Xu *aus Rottenburg am Neckar*

Für 4 Personen
Vor- und Zubereitungszeit: 30 Minuten

300 g bofrost*Hähnchen-Brustfilets, naturbelassen
3 getrocknete rote Chilis
3 EL Erdnussöl
100 g gesalzene Erdnüsse

Soße:
5 EL Hühnerbrühe
2 EL Sherrywein
1 EL dunkle Sojasauce
2 TL Zucker
1 EL bofrost*Kräuterprofi „Knoblauch"
2 TL fein gehackter frischer Ingwer
1 TL Salz
2 TL Sesamöl

Die gefrorenen Hähnchen-Brustfilets auf einen Porzellanteller legen, mit Klarsichtfolie abdecken und am besten über Nacht im Kühlschrank auftauen lassen. Am nächsten Tag kalt abwaschen, mit Küchenkrepp trockentupfen und in ca. 2 1/2 cm dicke Stücke schneiden.

Die Chilischoten längs halbieren und die weißen Kerne entfernen.

Einen Wok stark erhitzen, das Erdnussöl und die Chilihälften hineingeben und unter Rühren einige Sekunden braten (die Chilischoten können danach entfernt werden, wenn man möchte).

Die Hähnchenstücke und Erdnüsse zufügen und 1 Minute unter Rühren braten. Hähnchenstücke, Erdnüsse und Chilihälften aus dem Wok nehmen und in einem Sieb abtropfen lassen.

Die Soßenzutaten außer dem Sesamöl in den heißen Wok geben und aufkochen lassen; dann die Hitze reduzieren.

Hähnchenstücke, Erdnüsse und Chilihälften in den Wok geben und etwa 3 bis 4 Minuten in der Soße garen, dabei gut vermischen. Das Sesamöl zugießen, alles gut miteinander vermengen und gleich servieren.

Tipp: Dazu passt Basmati-Reis.

Vorsicht! *Chilischoten sind sehr scharf; daher unbedingt nach der Verarbeitung die Hände gründlich waschen und nicht mit den Händen an die Augen kommen.*

Pilzpfanne mit Hähnchen-Brustfilets

Brunhilde Wagner *aus Meckenheim*

Für 4 Personen
Vor- und Zubereitungszeit: 40 Minuten

4 bofrost*Hähnchen-Brustfilets, naturbelassen
Salz, schwarzer Pfeffer aus der Mühle
200 g bofrost*Porree
30 g Butter
400 g bofrost*Champignons in Scheiben
200 g Sahne
125 ml Geflügelbrühe
2 TL Currypulver
1/2 Dose Aprikosen (200 g)
300 g bofrost*Tropische Obstmischung
1 EL heller Soßenbinder

Die gefrorenen Hähnchen-Brustfilets auf einen Porzellanteller legen, mit Klarsichtfolie abdecken und am besten über Nacht im Kühlschrank auftauen lassen. Am nächsten Tag kalt abwaschen, mit Küchenkrepp trockentupfen, in ca. 1 cm breite Streifen schneiden und mit Salz und Pfeffer würzen.

Den Porree in einem Sieb abgedeckt antauen lassen.

Die Butter in einer Pfanne erhitzen und die Hähnchenstreifen darin 4 Minuten von allen Seiten anbraten. Herausnehmen und beiseite stellen.

In derselben Pfanne den Porree und die gefrorenen Champignons 5 Minuten anschwitzen. Mit der Sahne und Geflügelbrühe ablöschen, mit 1 Teelöffel Currypulver würzen und weitere 5 Minuten dünsten.

Inzwischen die Aprikosen in ein Sieb abgießen, dabei den Saft auffangen, und in Spalten schneiden.

Die Aprikosenspalten mit 2 Esslöffeln Saft in einem kleinen Topf aufkochen lassen, die gefrorene Obstmischung dazugeben, 5 Minuten kochen lassen und mit dem Soßenbinder andicken. Mit Salz und dem restlichen Currypulver abschmecken.

Die Hähnchenstreifen in die Gemüsepfanne geben, darin ca. 5 Minuten erwärmen und auf Tellern anrichten. Die Fruchtsoße dazugießen.

Die besten Rezepte
unserer Kunden

Hähnchenbrustfilet in Wein-Thymian-Soße

Sigrid Kaiser *aus Vöhringen*

Für 4 Personen
Vor- und Zubereitungszeit: 40 Minuten

4 bofrost*Hähnchen-Brustfilets, naturbelassen
Salz, schwarzer Pfeffer aus der Mühle
1 Zwiebel
2 Knoblauchzehen
1 Thymianzweig
200 g frische Champignons
2 EL Öl
50 g Butter
250 ml Weißwein, z. B. Riesling
250 g Crème fraîche

Die gefrorenen Hähnchen-Brustfilets auf einen Porzellanteller legen, mit Klarsichtfolie abdecken und am besten über Nacht im Kühlschrank auftauen lassen. Am nächsten Tag kalt abwaschen, mit Küchenkrepp trockentupfen und mit Salz und Pfeffer würzen.

Zwiebel und Knoblauch abziehen und klein würfeln. Den Thymianzweig waschen und trockenschütteln. Die Champignons putzen und in Scheiben schneiden.

Öl und Butter in einer Pfanne erhitzen und die Hähnchen-Brustfilets darin in ca. 5 Minuten auf beiden Seiten anbraten. Herausnehmen und auf einen Teller legen.

Zwiebel- und Knoblauchwürfel in derselben Pfanne anbraten, die Hähnchen-Brustfilets dazugeben, mit dem Weißwein ablöschen und den Thymianzweig und die Champignonsscheiben zufügen. Bei geringer Hitze zugedeckt 20 Minuten köcheln.

Die Hähnchen-Brustfilets herausnehmen, auf eine Platte legen und warm stellen.

Die Crème fraîche in die Wein-Thymian-Soße einrühren und etwas einkochen lassen (sollte die Soße zu dünnflüssig sein, etwas Mehlbutter oder Soßenbinder unterrühren). Dann mit Salz und Pfeffer abschmecken, die Hähnchen-Brustfilets nochmals darin erwärmen, den Thymianzweig herausnehmen und gleich servieren.

Tipp: Mit Reis und grünem Salat servieren.

Hähnchenbrust in Cidre

Sandra Schmitz *aus Bornheim*

Für 4 Personen
Vor- und Zubereitungszeit: 35 Minuten

4 bofrost*Hähnchen-Brustfilets, naturbelassen
Salz, schwarzer Pfeffer aus der Mühle
250 g bofrost*Porree
2 EL Öl
250 g bofrost*Champignons in Scheiben
250 ml Geflügelbrühe
200 ml Cidre
2 cl Calvados
200 g Sahne

Die gefrorenen Hähnchen-Brustfilets auf einen Porzellanteller legen, mit Klarsichtfolie abdecken und am besten über Nacht im Kühlschrank auftauen lassen. Am nächsten Tag kalt abwaschen, mit Küchenkrepp trockentupfen, in ca. 1 cm breite Streifen schneiden und mit Salz und Pfeffer würzen.

Den Porree in einem Sieb abgedeckt antauen lassen; dann halbieren.

Das Öl in einer Pfanne erhitzen und die Hähnchenstreifen darin 4 Minuten von allen Seiten anbraten. Den Porree und die gefrorenen Champignons dazugeben und kurz mitbraten.

Mit der Geflügelbrühe ablöschen, dann den Cidre und Calvados zugießen und aufkochen lassen. Die Sahne unterrühren und die Flüssigkeit in ca. 20 Minuten etwas einkochen lassen. Wem die Soße zu flüssig ist, dickt sie mit 1 Esslöffel hellem Soßenbinder ein. Mit Salz und Pfeffer abschmecken und heiß servieren.

Tipp: Am besten passen Bandnudeln dazu.

Hähnchenbrust in Soja-Pfeffer-Soße mit Mandelreis

Diana Pribel *aus Amsberg*

Für 4 Personen
Vor- und Zubereitungszeit: 40 Minuten

4 bofrost*Hähnchen-Brustfilets, naturbelassen
Salz, schwarzer Pfeffer aus der Mühle
1 TL rosenscharfes Paprikapulver
200 g Reis
400 ml Gemüsebrühe
4 Scheiben Schinkenspeck
3 TL eingelegter grüner Pfeffer
50 g Mandelblätter
2 EL Butterschmalz
4 EL Whiskey
400 g Schmand oder Crème fraîche
5 EL helle Sojasauce

Die gefrorenen Hähnchen-Brustfilets auf einen Porzellanteller legen, mit Klarsichtfolie abdecken und am besten über Nacht im Kühlschrank auftauen lassen. Am nächsten Tag kalt abwaschen, mit Küchenkrepp trockentupfen und mit Salz, Pfeffer und Paprikapulver würzen.

Den Reis in der Gemüsebrühe bei geringer Hitze garziehen lassen und warm stellen.

Inzwischen den Schinkenspeck klein würfeln. 1 Teelöffel grünen Pfeffer in einem Mörser zerdrücken. Die Mandelblättchen in einer beschichteten Pfanne ohne Fettzugabe anrösten und beiseite stellen.

Das Butterschmalz in einer Pfanne erhitzen und die Hähnchen-Brustfilets darin in ca. 5 Minuten von beiden Seiten anbraten. Die Schinkenspeckwürfel dazugeben und kurz mitbraten. Mit dem Whiskey ablöschen und kurz ziehen lassen. Dann die Hähnchen-Brustfilets aus der Pfanne nehmen und warm stellen.

Den gesamten grünen Pfeffer unter die Speckwürfel mischen. Unter Rühren den Schmand zugeben, kurz aufkochen lassen und mit der Sojasauce abschmecken. Die Hähnchen-Brustfilets in die Soße legen und bei geringer Hitze in ca. 10 Minuten zugedeckt fertig garen lassen.

Den Reis mit den gerösteten Mandeln vermischen und mit den Hähnchen-Brustfilets und der Soße servieren.

Feines Hähnchenfilet im Sesammantel

Tina Delling *aus Stadtallendorf*

Für 4 Personen
Vor- und Zubereitungszeit: 50 Minuten

4 bofrost*Hähnchen-Brustfilets, naturbelassen
Salz, schwarzer Pfeffer aus der Mühle
etwas Mehl zum Wenden
750 g Kohlrabi (ca. 3 Stück)
500 ml Wasser
150 g bofrost*Kaiserschoten
1 Ei
40 g Sesamsaat
2 EL Öl
30 g Butter
30 g Mehl
3 EL Sahne
2–3 EL Zitronensaft
Zitronenscheiben
frische Melisse

Die gefrorenen Hähnchen-Brustfilets auf einen Porzellanteller legen, mit Klarsichtfolie abdecken und am besten über Nacht im Kühlschrank auftauen lassen. Am nächsten Tag kalt abwaschen, mit Küchenkrepp trockentupfen, mit Salz und Pfeffer würzen und im Mehl wenden.

Die Kohlrabi putzen, schälen, halbieren und in dünne Spalten schneiden. In 500 ml kochendem Salzwasser 10 Minuten garen. Die gefrorenen Kaiserschoten 3 Minuten vor Ende der Garzeit dazugeben. Das Gemüse in ein Sieb abgießen – dabei das Gemüsewasser auffangen – und abtropfen lassen.

Inzwischen das Ei mit einem Schneebesen verquirlen. Die Hähnchen-Brustfilets erst durch das Ei ziehen und dann im Sesam wenden. 2 Esslöffel Öl in einer Pfanne erhitzen und die Hähnchen-Brustfilets darin 12 bis 15 Minuten bei mittlerer Hitze von beiden Seiten braten.

Die Butter in einem Topf erhitzen, das Mehl darin anschwitzen, mit etwas Gemüsewasser und der Sahne unter Rühren ablöschen. Etwas einkochen lassen und mit Salz, Pfeffer und Zitronensaft abschmecken. Das Gemüse in die Soße geben und darin erwärmen. Die Hähnchen-Brustfilets auf vorgewärmten Tellern anrichten, das Gemüse dazulegen und – wer möchte – mit Zitronenscheiben und Melisseblättchen garnieren.

Hähnchenbrust mit Pfirsichen und Nuss-Käse-Kruste

Henriette Wendeling *aus Aurich*

Für 4 Personen
Vorbereitungszeit: 30 Minuten
Backzeit: 20–25 Minuten

4 bofrost*Hähnchen-Brustfilets, naturbelassen
1 unbehandelte Zitrone
weißer Pfeffer aus der Mühle
8 Pfirsichhälften aus der Dose
2 Scheiben frisches Toastbrot
100 g geriebener Gouda
50 g gemahlene Haselnüsse
50 g Margarine
1–2 TL Currypulver
200 g Crème fraîche
125 g Sahne

Die gefrorenen Hähnchen-Brustfilets auf einen Porzellanteller legen, mit Klarsichtfolie abdecken und am besten über Nacht im Kühlschrank auftauen lassen. Am nächsten Tag kalt abwaschen und mit Küchenkrepp trockentupfen.

Die Zitrone heiß abwaschen, abtrocknen und die Schale abreiben; danach den Saft auspressen. Die Hähnchen-Brustfilets mit Zitronensaft beträufeln und einige Minuten ziehen lassen. Anschließend mit dem frisch gemahlenen Pfeffer würzen.

Die Pfirsichhälften abtropfen lassen und jeweils in 4 Spalten schneiden. Das Toastbrot ohne Rinde in einem Mixer zerkleinern und mit dem Gouda und den Haselnüssen vermischen.

30 Gramm Margarine in einer Pfanne erhitzen und die Hähnchen-Brustfilets darin in ca. 5 Minuten von allen Seiten braten. Eine Auflaufform von ca. 18 x 25 cm mit der restlichen Margarine einfetten.

Die Hähnchen-Brustfilets nebeneinander in die Auflaufform legen, mit den Pfirsichspalten belegen, mit Zitronenschale bestreuen und mit Currypulver bestäuben. Crème fraîche und Sahne miteinander verrühren und darüber gießen. Die Nuss-Käse-Toast-Mischung darauf verteilen. Den Auflauf im vorgeheizten Backofen auf der oberen Schiene bei 180 °C 20 bis 25 Minuten überbacken. Herausnehmen, kurz ruhen lassen und dann servieren.

Gefüllte Hähnchenroulade mit grünen Tagliatelle

Susanne Strecker *aus Böbingen*

Für 4 Personen
Vor- und Zubereitungszeit: 2 Stunden

4 bofrost*Hähnchen-Brustfilets, naturbelassen
Salz, schwarzer Pfeffer aus der Mühle
200 g bofrost*Porree
150 g bofrost*Blattspinat
16 bofrost*Luxuskrabben (Grönlandgarnelen)
200 g bofrost*Möhren gewürfelt
Butter für die Alufolie
4 Scheiben Parmaschinken
500 g grüne Tagliatelle
4 EL Butter

Außerdem:
Alufolie

Die gefrorenen Hähnchen-Brustfilets auf einen Porzellanteller legen, mit Klarsichtfolie abdecken und am besten über Nacht im Kühlschrank auftauen lassen. Am nächsten Tag kalt abwaschen, mit Küchenkrepp trockentupfen und mit Salz und Pfeffer würzen. Dann zwischen Klarsichtfolie flach klopfen.

Den Porree und Blattspinat getrennt in Sieben am besten ebenfalls über Nacht abgedeckt auftauen lassen.

Luxuskrabben und Möhren getrennt in Sieben abgedeckt antauen lassen. Aus der Alufolie Rechtecke von ca. 30 x 20 cm ausschneiden und dünn mit Butter einfetten.

Auf jedes Hähnchen-Brustfilet eine ausreichende Menge Spinat geben, mit Salz und Pfeffer würzen, jeweils 1 Scheibe Parmaschinken darauf legen und mit dem restlichen Spinat bedecken. Erneut mit Salz und Pfeffer würzen und zum Abschluss jeweils 4 Luxuskrabben obenauf platzieren. Alles zu einer Roulade zusammenrollen und einzeln in die Alufolie einpacken. Die Folienpäckchen auf ein Backblech legen und im vorgeheizten Backofen bei 200 °C ca. 30 Minuten backen.

Inzwischen die Tagliatelle in kochendem Salzwasser nach Packungsanweisung garen, in ein Sieb abgießen und abtropfen lassen. Die Butter zerlassen und den Porree und die Möhren darin 10 Minuten scharf anbraten.

Die Hähnchenrouladen aus der Folie nehmen, schräg in Scheiben aufschneiden und mit dem Bratsud aus der Folie auf Tellern anrichten. Mit den heißen Tagliatelle und dem Gemüse servieren.

Gemüsehühnchen „Toskana“

Barbara Halupka *aus Wachtendonk*

Für 4 Personen
Vorbereitungszeit: 30 Minuten
Backzeit: 40 Minuten

1 Pck. bofrost*Hähnchen-Brustfilets, naturbelassen (1000 g)
1 kg kleine, fest kochende Kartoffeln
10 EL Olivenöl
250 g bofrost*Zwiebelwürfel
2 EL bofrost*Kräuterprofi „Knoblauch“
Salz, schwarzer Pfeffer aus der Mühle
400 ml Geflügelbrühe
600 g Tomaten
2 Rosmarinzweige
4 Thymianzweige
150 g schwarze, entsteinte Oliven
4 EL Balsamico-Essig
1 EL bofrost*Kräuterprofi „Petersilie“

Die gefrorenen Hähnchen-Brustfilets auf einen Porzellanteller legen, mit Klarsichtfolie abdecken und am besten über Nacht im Kühlschrank auftauen lassen. Am nächsten Tag kalt abwaschen und mit Küchenkrepp trockentupfen.

Die Kartoffeln waschen und schälen.

2 Esslöffel Olivenöl in einer Pfanne erhitzen und die Hähnchen-Brustfilets darin in ca. 5 Minuten von beiden Seiten anbraten. Beiseite stellen.

Das restliche Olivenöl in einem Bräter erhitzen und die gefrorenen Zwiebel- und Knoblauchwürfel darin glasig anschwitzen. Kräftig mit Salz und Pfeffer würzen, dann die Kartoffeln zugeben und kurz von allen Seiten anbraten. Mit der Geflügelbrühe ablöschen.

Den Bräter in den auf 180 °C vorgeheizten Backofen geben und die Kartoffeln darin 20 Minuten ohne Deckel garen lassen; dabei gelegentlich mit dem Pfannenwender umrühren.

Inzwischen die Tomaten waschen, achteln und dabei entkernen. Die Kräuter waschen, trockenschütteln, Nadeln und Blättchen von den Stielen abzupfen und fein hacken.

Nach 20 Minuten Tomaten, Kräuter und Oliven unter die Kartoffeln mischen, den Balsamico-Essig darüber träufeln und die Hähnchen-Brustfilets darauf legen. Weitere 20 Minuten ohne Deckel garen. Zum Schluss die gefrorene Petersilie untermischen und gleich servieren.

Honighähnchen

Erika Busch-Ostermann *aus Kamen*

Für 4 Personen
Vorbereitungszeit: 15 Minuten
Garzeit: 45 Minuten

1 Pck. bofrost*Ganze Schenkel von Hähnchen (1000 g)
30 g Butter
150 g Blüten- oder Orangenhonig
Saft von 1 Zitrone
je 1/2 TL Kümmel- und Korianderkörner
1 TL grober Pfeffer
Salz
2 Msp. gemahlener Piment
2 Msp. gemahlene Nelken
2 Msp. gemahlener Kümmel
2 Msp. Kurkuma
1 Msp. Zimt
Fett für die Form
1 TL Rosmarinnadeln

Die gefrorenen Hähnchenschenkel auf einen Porzellanteller legen, mit Klarsichtfolie abdecken und am besten über Nacht im Kühlschrank auftauen lassen. Am nächsten Tag kalt abwaschen und mit Küchenkrepp trockentupfen.

Die Butter in einem Topf schmelzen lassen und den Honig einrühren, bis er flüssig ist. Den Topf vom Herd nehmen, den Zitronensaft und sämtliche Gewürze, außer den Rosmarinnadeln, dazugeben und gut miteinander vermischen.

Eine Auflaufform einfetten, die Hähnchenschenkel nebeneinenader hineinlegen und mit der Marinade begießen.

Die Hähnchenschenkel im vorgeheizten Backofen bei 200 °C ca. 45 Minuten garen lassen. Immer wieder mit der heruntergelaufenen Marinade bepinseln.

Nach 30 Minuten Garzeit die Rosmarinnadeln über die Hähnchenschenkel streuen. Fertig garen und heiß servieren.

*Tipp: Dazu passen bofrost*Original italienische Mini-Ciabatta oder Reis und grüner Salat.*

Pute in Senfsoße mit Schnittlauch

Silvia Krusch *aus Thurnau*

Für 4 Personen
Vor- und Zubereitungszeit: 40 Minuten

4 bofrost*Truthahn-Schnitzel
2 EL Sonnenblumenöl
abgeriebene Schale und Saft von 1 unbehandelten Orange
300 g bofrost*Champignons in Scheiben
2 EL grobkörniger süßer Senf
120 ml trockener Weißwein
470 ml Geflügelbrühe
220 g Sahne
Salz, schwarzer Pfeffer aus der Mühle
2 EL bofrost*Kräuterprofi „Schnittlauch"

Die gefrorenen Truthahn-Schnitzel auf einen Porzellanteller legen, mit Klarsichtfolie abdecken und am besten über Nacht im Kühlschrank auftauen lassen. Am nächsten Tag kalt abwaschen, mit Küchenkrepp trockentupfen und in ca. 2 cm große Würfel schneiden.

Das Sonnenblumenöl in der Pfanne oder einem Wok erhitzen, die Truthahnwürfel darin 5 bis 6 Minuten von allen Seiten anbraten; herausnehmen und beiseite stellen.

Orangenschale, Orangensaft und die gefrorenen Champignons in die Pfanne geben, mit einem Deckel verschließen und 4 bis 5 Minuten garen lassen. Den Deckel abnehmen und weitergaren, bis die Flüssigkeit verdampft ist.

Senf, Weißwein, Geflügelbrühe und Sahne einrühren, die Soße aufkochen lassen und bei geringer Hitze 10 Minuten köcheln (sollte die Soße zu dünnflüssig sein, etwas Mehlbutter oder Soßenbinder einrühren). Die Truthahnwürfel dazugeben und in der Soße heiß werden lassen. Mit Salz und Pfeffer würzen und den gefrorenen Schnittlauch unterziehen. Sofort servieren.

Tipp: Dazu passt gut Reis oder in Butter geschwenkte Bandnudeln.

Die besten Rezepte
unserer Kunden

Putenschnitzel vom Blech

Brigitte Peter *aus Dülmen*

Für 6 Personen
Vorbereitungszeit: 45 Minuten
Marinierzeit: 1 Stunde
Backzeit: 20 Minuten

600 g bofrost*Truthahn-Schnitzel
weißer Pfeffer
1 unbehandelte Zitrone
120 ml Olivenöl
600 g bofrost*Broccoli-Röschen
Salz
2 Fleischtomaten
200 g Mozzarella
1 EL Kapern

Die gefrorenen Truthahn-Schnitzel auf einen Porzellanteller legen, mit Klarsichtfolie abdecken und am besten über Nacht im Kühlschrank auftauen lassen. Am nächsten Tag kalt abwaschen und mit Küchenkrepp trockentupfen. Halbieren und mit Pfeffer würzen.

Die Zitrone heiß abwaschen und abtrocknen; die Hälfte der Schale abreiben und mit 5 Esslöffel Olivenöl verrühren. Die Schale der anderen Hälfte dünn abschälen und in feine Streifen schneiden; für die Garnitur beiseite legen. Die Zitronenhälften ausdrücken.

Die Truthahn-Schnitzel mit dem Zitronenöl bestreichen und zugedeckt ca. 1 Stunde im Kühlschrank ziehen lassen.

Die gefrorenen Broccoli-Röschen 5 Minuten in kochendes Salzwasser geben, herausheben, kalt abschrecken und in einem Sieb abtropfen lassen. Inzwischen die Tomaten waschen und in dicke Scheiben aufschneiden. Den Mozzarella ebenfalls in Scheiben schneiden.

Ein Backblech mit 3 Esslöffeln Olivenöl bestreichen, die Truthahn-Schnitzel darauf legen und mit der abgetropften Zitronenöl-Marinade beträufeln. Die Broccoli-Röschen zwischen dem Fleisch verteilen.

Jedes Truthahn-Schnitzel mit 1 Tomaten- und 1 Mozzarellascheibe belegen und anschließend mit wenig Salz und etwas Pfeffer würzen. Das Blech in den auf 180 °C vorgeheizten Backofen schieben und alles etwa 10 Minuten garen.

Das restliche Olivenöl mit dem Zitronensaft kräftig zu einer schaumigen Soße verquirlen. Mit Salz und Pfeffer würzen und anschließend die Kapern einrühren.

Das Blech aus dem Backofen nehmen, die Truthahn-Schnitzel mit der Zitronen-Kapern-Soße beträufeln und nochmals 5 bis 10 Minuten in den Backofen schieben. Mit den Zitronenstreifen garniert servieren.

*Tipp: Dazu schmecken bofrost*Original schwäbische Eierspätzle oder Reis.*

Putengeschnetzeltes

Christiane Wermuth *aus Kaufering*

Für 4 Personen
Vorbereitungszeit: 25 Minuten
Backzeit: 15 Minuten

4 bofrost*Truthahn-Schnitzel
2 EL Sojasauce
5–6 frische Aprikosen oder
10-12 Dörraprikosenhälften, eingeweicht
4 EL Öl
250 g bofrost*Porree
200 g bofrost*Champignons in Scheiben
Salz, schwarzer Pfeffer aus der Mühle
1/2 EL Thymian
150 g Sahne
2 TL mildes Currypulver
100 g geriebener Käse (z. B. Gouda)

Die gefrorenen Truthahn-Schnitzel auf einen Porzellanteller legen, mit Klarsichtfolie abdecken und am besten über Nacht im Kühlschrank auftauen lassen. Am nächsten Tag kalt abwaschen, mit Küchenkrepp trockentupfen, in ca. 2 cm große Würfel schneiden und mit der Sojasauce vermischen.

Die Aprikosen häuten, die Früchte halbieren, entsteinen und die Fruchthälften nochmals halbieren. Dörraprikosen ebenfalls vierteln.

3 Esslöffel Öl in einer großen Pfanne erhitzen und die Truthahnwürfel mit dem gefrorenen Porree und den gefrorenen Champignons darin 8 Minuten anbraten. Dann die Aprikosenviertel untermengen und alles mit Salz, Pfeffer und Thymian würzen.

Die Sahne steif aufschlagen, dabei das Currypulver zugeben. Eine Auflaufform von ca. 18 x 25 cm mit dem restlichen Öl auspinseln, die Fleisch-Gemüse-Mischung einfüllen und die Currysahne darauf verstreichen.

Den Käse darüber streuen und den Auflauf im vorgeheizten Backofen bei 220 °C ca. 15 Minuten backen lassen. Herausnehmen, kurz ruhen lassen und servieren.

Putengeschnetzeltes auf grünen Bandnudeln

Manuela Andrä *aus Pfaffenhofen*

Für 4 Personen
Vor- und Zubereitungszeit: 30 Minuten

4 bofrost*Truthahn-Schnitzel
300 g grüne Bandnudeln
Salz
1 EL Öl
schwarzer Pfeffer aus der Mühle
50 g Butter
300 g bofrost*Champignons in Scheiben
8 EL Weißwein
250 ml Hühnerbrühe
2 EL Crème fraîche
200 g bofrost*bo*Erbsen „Petits Pois"
1–2 EL Zitronensaft

Die gefrorenen Truthahn-Schnitzel auf einen Porzellanteller legen, mit Klarsichtfolie abdecken und am besten über Nacht im Kühlschrank auftauen lassen. Am nächsten Tag kalt abwaschen, mit Küchenkrepp trockentupfen und in ca. 1 cm breite Streifen schneiden.

Die Bandnudeln in kochendem Salzwasser nach Packungsanweisung bissfest garen, in ein Sieb abgießen und abtropfen lassen.

Inzwischen das Öl in einer Pfanne erhitzen und das Fleisch darin unter Wenden kräftig anbraten; herausnehmen, auf Küchenkrepp abtropfen lassen und mit Salz und Pfeffer würzen.

Die Butter in derselben Pfanne erhitzen und die gefrorenen Champignons darin 5 Minuten anschwitzen. Das Fleisch dazugeben, mit Weißwein und Hühnerbrühe aufgießen, die Crème fraîche einrühren und zugedeckt bei mittlerer Hitze 5 Minuten köcheln lassen.

Dann die gefrorenen Erbsen untermischen und alles nochmals aufkochen lassen. Mit Salz, Pfeffer und Zitronensaft abschmecken und mit den heißen Nudeln servieren.

Tipp: Wer die Soße sämiger haben möchte, gibt zusammen mit den gefrorenen Erbsen 20 Gramm hellen Soßenbinder dazu.

Winzerpfanne

Heidelinde Stapff *aus Würzburg*

Für 3 Personen
Vor- und Zubereitungszeit: 35 Minuten

3 bofrost*Truthahn-Schnitzel
1 Apfel
100 g Möhren
200 g kernlose Weintrauben
50 g Butter
100 g bofrost*Zwiebelwürfel
125 ml Wasser
200 g Crème fraîche
Salz, schwarzer Pfeffer aus der Mühle
1 Prise Currypulver
50 ml Weißwein

Die gefrorenen Truthahn-Schnitzel auf einen Porzellanteller legen, mit Klarsichtfolie abdecken und am besten über Nacht im Kühlschrank auftauen lassen. Am nächsten Tag kalt abwaschen, mit Küchenkrepp trockentupfen und in ca. 1 cm breite Streifen schneiden.

Apfel und Möhren putzen, schälen und grob raspeln. Die Weintrauben waschen und – wer möchte – halbieren.

Die Butter in einer großen Pfanne erhitzen, die gefrorenen Zwiebelwürfel darin glasig anschwitzen und die Truthahnstreifen dazugeben. 5 Minuten anbraten.

Die Apfel- und Möhrenraspel dazugeben, mit dem Wasser ablöschen und alles zugedeckt weitere 10 Minuten dünsten lassen.

Die Weintrauben untermengen und ca. 5 Minuten bei geringer Hitze erwärmen. Zum Schluss die Crème fraîche vorsichtig unterziehen, mit Salz, Pfeffer und Currypulver würzen und mit Weißwein verfeinern. Nicht mehr kochen.

*Tipp: Als Beilage eignen sich bofrost*Backofen-Herzogin-Kartoffeln oder Reis.*

Entenbrust à l'orange

Sylvia Notter *aus Nufringen*

Für 4 Personen
Vor- und Zubereitungszeit: 30 Minuten

8 bofrost*Entenbrustfilets, mariniert
2 Zwiebeln
1 EL Öl
Saft von 2 Orangen
Salz, schwarzer Pfeffer aus der Mühle
250 ml Wasser
200 g Crème fraîche

Außerdem:
Alufolie

Die gefrorenen Entenbrustfilets auf einen Porzellanteller legen, mit Klarsichtfolie abdecken und am besten über Nacht im Kühlschrank auftauen lassen.

Die Zwiebeln abziehen und klein würfeln.

Das Öl in einer Pfanne erhitzen und die Entenbrustfilets darin von beiden Seiten – zuerst auf der Hautseite – scharf anbraten; herausnehmen, in Alufolie wickeln und warm halten.

Im selben Bratfett die Zwiebeln anbraten und mit dem Orangensaft ablöschen. Die Soße sämig einkochen und mit Salz und Pfeffer abschmecken.

Das Wasser zugießen und bei großer Hitze einkochen lassen. Die Entenbrustfilets aus der Alufolie nehmen, den ausgetretenen Bratensaft in die Soße gießen und anschließend die Crème fraîche unterziehen.

Die Filets in eine Kasserolle legen und die Soße darüber gießen. Im vorgeheizten Backofen bei 150 °C 10 bis 15 Minuten garen.

Tipp: Wer möchte, kann filetierte, in Paniermehl gewendete Orangenspalten in Butter anbraten und als Garnitur anlegen (siehe Foto).

Die besten Rezepte unserer Kunden

Fleisch

100 gr. Brechbohnen
100 gr. Paprikastreifen
100 gr. Zwiebelwürfel
etwas Kräuterprofi "Knoblauch"
400 gr. Schupfnudeln
Desweiteren nach belieben:
Chinakohl kleingeschnitten, Tomaten gewürfelt,
Schinkenwürfel, Weißwein, Zitrone, Olivenöl,
geriebener Ingwer, Kräuter, Gewürze
Zubereitung: Olivenöl in einem Topf erhitzen, Schinkenwürfel
darin auslassen, Zwiebeln und Knoblauch zugeben, glasig dünsten.
Mit Weißwein und etwas Zitrone ablöschen. Das Gemüse
entsprechend der Garzeit zugeben, mit Salz und Pfeffer würzen,
bißfest garen. In der Zwischenzeit die Schupfnudeln in einer
Pfanne mit Olivenöl goldgelb anbraten und mit Salz, Pfeffer,
Muskatnuß würzen. Die fertigen Schupfnudeln mit dem
Gemüse mischen, Ingwer zugeben, nochmals abschmecken und
Gemüsepuffer mit Carpaccio
Für 2 Personen

Balsamico-Filet

Elvi von Boremski-Mesecke *aus Vechelde*

Für 4 Personen
Vor- und Zubereitungszeit: 40 Minuten

2 Knoblauchzehen
4 große Tomaten
800 g Schweinefilet
Salz, schwarzer Pfeffer aus der Mühle
Mehl
2 EL Öl
100 ml Balsamico-Essig
50 g Butter
300 g bofrost*Kaiserschoten
200 g Sahne

Die Knoblauchzehen abziehen und hacken. Die Tomaten waschen, häuten und in Würfel schneiden.

Das Schweinefilet waschen, trockentupfen und in ca. 4 cm dicke Scheiben schneiden; mit Salz und Pfeffer würzen und in Mehl wenden.

Das Öl in einer Pfanne erhitzen und die Filetscheiben darin in ca. 5 Minuten von beiden Seiten anbraten.

Den Knoblauch dazugeben und mit dem Balsamico-Essig ablöschen. Die Pfanne von der Herdplatte nehmen und die Filetscheiben ca. 10 Minuten zugedeckt ziehen lassen.

Inzwischen die Butter in einem Topf erhitzen und die gefrorenen Kaiserschoten darin kurz andünsten. Die Tomatenwürfel zugeben, mit der Sahne ablöschen und mit Salz und Pfeffer würzen.

Die Balsamico-Filets und das Gemüse auf Tellern anrichten und servieren.

Tipp: Dazu passt Reis.

Edles Fleisch in feiner Gesellschaft

Svenja Wilhelm *aus Ronnenberg*

Für 4 Personen
Vorbereitungszeit: 30 Minuten
Backzeit: 25 Minuten

1 Pck. bofrost*Schweinefilet-Medaillons, mariniert (500 g)
200 g Zwiebeln
500 g rote Paprikaschoten
1 kleines Bund Basilikum
3 EL Öl
150 g Frischkäse mit Kräutern
2 Eier
150 ml Milch
Salz, schwarzer Pfeffer aus der Mühle
Fett für die Form

Die gefrorenen Schweinefilet-Medaillons am besten über Nacht im Kühlschrank auftauen lassen.

Die Zwiebeln abziehen und in Scheiben schneiden. Die Paprikaschoten waschen, putzen, halbieren, Kerne und weiße Innenhäute entfernen und das Fruchtfleisch grob würfeln.

Das Basilikum waschen, trockenschütteln, die Blättchen von den Stielen abzupfen und in feine Streifen schneiden.

Das Öl in einer Pfanne erhitzen und die Schweinefilet-Medaillons darin in ca. 8 Minuten von beiden Seiten goldbraun anbraten. Herausnehmen und beiseite stellen.

Die Zwiebelscheiben in derselben Pfanne 4 Minuten anbraten.

Frischkäse, Eier und Milch mit einem Schneebesen glatt verrühren. Die Basilikumstreifen zufügen und die Masse mit Salz und Pfeffer abschmecken.

Eine Auflaufform von ca. 15 x 23 cm etwas einfetten. Die Medaillons, Zwiebeln und die Paprika in dieser Reihenfolge einschichten. Mit der Frischkäse-Ei-Masse übergießen und den Auflauf im vorgeheizten Backofen bei 200 °C ca. 25 Minuten backen. Herausnehmen und gleich servieren.

Mongolenfeuer

Hans-Ludwig Ophey *aus Erndtebrück*

Für 4 Personen
Vor- und Zubereitungszeit: 40 Minuten

1 Pck. bofrost*Schweinefilet-Medaillons, mariniert (500 g)
50 g frische Ingwerwurzel
1 Chilischote
2 EL Öl
Salz, schwarzer Pfeffer aus der Mühle
200 g bofrost*Paprikastreifen
100 g bofrost*Suppengrün, 7 Sorten
100 g bofrost*Champignons in Scheiben
1 TL Honig
3 EL Sojasauce
2–3 EL Balsamico-Essig
250 ml Fleischbrühe
1 EL heller Soßenbinder
100 g bofrost*Kaiserschoten
einige Spritzer Chili- oder Tabascosauce

Die gefrorenen Schweinefilet-Medaillons am besten über Nacht im Kühlschrank auftauen lassen. Die Medaillons in feine Streifen schneiden.

Den Ingwer schälen und sehr fein hacken. Die Chilischote waschen, halbieren, die Kerne entfernen und das Fruchtfleisch sehr fein hacken. Das Öl in einer großen Pfanne erhitzen und die Filetstreifen darin 3 Minuten von allen Seiten anbraten; mit Salz, Pfeffer, Ingwer und Chili würzen, alles gut miteinander vermischen, die Filetstreifen herausnehmen und beiseite stellen.

Die gefrorenen Paprikastreifen in derselben Pfanne 5 Minuten andünsten, das gefrorene Suppengrün und Champignons dazugeben und gut umrühren. Mit Honig, Sojasauce und Balsamico-Essig würzen.

Die Fleischbrühe dazugießen, 5 Minuten bei geringer Hitze köcheln lassen und mit dem Soßenbinder etwas andicken. Die Filetstreifen und die gefrorenen Kaiserschoten zugeben, alles vorsichtig miteinander vermischen und mit Chili- oder Tabascosauce pikant abschmecken. Sofort servieren.

Vorsicht! *Chilischoten sind sehr scharf; daher unbedingt nach der Verarbeitung die Hände gründlich waschen und nicht mit den Händen an die Augen kommen.*

Schweinemedaillons all'arrabbiata

Hiltrud Junker-Paschertz *aus Cloppenburg*

Für 4 Personen
Vorbereitungszeit: 30 Minuten
Garzeit: 40 Minuten

1 Pck. bofrost*Schweinefilet-Medaillons, mariniert (500 g)
10-14 dünne Scheiben durchwachsener Speck
1 Pck. pürierte Tomaten (250 g)
100 g Sahne
2 EL Tomatenmark
1 Prise Chilipulver
2 Msp. Cayennepfeffer
2 TL edelsüßes Paprikapulver
Salz, schwarzer Pfeffer aus der Mühle
Fett für die Form
1 Knoblauchzehe
2 EL frisch gehackte Kräuter (z. B. Schnittlauch, Basilikum, Petersilie, Rosmarin, Thymian) oder getrocknete italienische Kräutermischung
50 g Butter
2 EL Semmelbrösel

Die gefrorenen Schweinefilet-Medaillons am besten über Nacht im Kühlschrank auftauen lassen. Die Medaillons mit je 1 Speckscheibe umwickeln.

Tomaten, Sahne und Tomatenmark in einem Topf verrühren und erhitzen. Mit Chilipulver, Cayennepfeffer, Paprikapulver, Salz und Pfeffer sehr kräftig würzen und 10 Minuten köcheln lassen.

Inzwischen eine Auflaufform von ca. 18 x 26 cm einfetten und die Medaillons einlegen.

Die Knoblauchzehe abziehen und durch eine Presse drücken. Zusammen mit den Kräutern in die Soße einrühren und weitere 5 Minuten köcheln lassen.

Die Soße über die Schweinefilet-Medaillons gießen, einige Butterflöckchen darauf verteilen und mit Semmelbröseln bestreuen. Die Medaillons im vorgeheizten Backofen bei 200 °C ca. 40 Minuten backen lassen. Herausnehmen und gleich servieren.

*Tipp: Dazu passt Baguette oder bofrost*Original italienische Mini-Ciabatta.*

Schweinefilet überbacken

Anja Kittel *aus Lüdenscheid*

Für 4 Personen
Vorbereitungszeit: 20 Minuten
Garzeit: 20 Minuten

1 Pck. bofrost*Schweinefilet-Medaillons, mariniert (500 g)
2 EL Öl
600 g bofrost*Champignons in Scheiben
etwas Mehl zum Bestäuben
200 g Sahne
1 TL Worcestershire-Sauce
1 TL Zucker
Salz, schwarzer Pfeffer aus der Mühle
1 EL bofrost*Kräuterprofi „Petersilie"
200 g geriebener Gouda

Die gefrorenen Schweinefilet-Medaillons am besten über Nacht im Kühlschrank auftauen lassen.

Das Öl in einer Pfanne erhitzen und die Schweinefilet-Medaillons darin in ca. 4 Minuten von allen Seiten braten. Herausnehmen, in einen Bräter legen und beiseite stellen.

In derselben Pfanne die gefrorenen Champignons andünsten, mit Mehl bestäuben und anbräunen lassen. Nach ca. 1 Minute die Sahne zugießen, mit Worcestershire-Sauce, Zucker, Salz und Pfeffer würzen und kurz aufkochen lassen.

Die Champignon-Soße über den Schweinefilet-Medaillons verteilen, mit der gefrorenen Petersilie bestreuen und mit dem Gouda bedecken. Die Medaillons im vorgeheizten Backofen bei 180 °C ca. 20 Minuten backen lassen. Herausnehmen und gleich servieren.

*Tipp: Dazu passen bofrost*Original Schwäbische Eierspätzle oder bofrost*Backofen-Röstis und bofrost*Feine Gemüsebeilage.*

Gefülltes Schweinefilet aus dem Backofen

Daniela Siebel *aus Baiersdorf-Hagenau*

Für 4–6 Personen
Vor- und Zubereitungszeit: 1 Stunde 30 Minuten

4 Knoblauchzehen
150 g Kräuterfrischkäse
8–10 Schalotten
2 Schweinefilets ohne spitzes Ende (ca. 1200 g)
Salz, schwarzer Pfeffer aus der Mühle
1 TL Thymian
200 g dünn aufgeschnittener Räucherspeck (Bacon oder Frühstücksspeck)
Butter für die Form
400 g bofrost*Feinschmecker-Pilzmischung
200 g Sahne
250 ml Weißwein
125 ml Fleischbrühe
1 EL bofrost*Kräuterprofi „Kräutermischung"
2 EL heller Soßenbinder

Außerdem:
Alufolie

Die Knoblauchzehen abziehen und fein hacken. Knoblauch und Kräuterfrischkäse miteinander verrühren. Die Schalotten abziehen und grob würfeln.

Die Schweinefilets waschen, häuten und trockentupfen. Seitlich jeweils eine Tasche einschneiden und mit der Kräuterfrischkäse-Mischung füllen. Salzen, pfeffern und mit etwas getrocknetem Thymian einreiben. Die Schweinefilets mit den Räucherspeckscheiben fest umwickeln.

Eine Auflaufform mit etwas Butter einfetten und die Schweinefilets hineinlegen. Die gefrorene Pilzmischung und die Schalottenwürfel darüber geben und mit der Sahne, dem Weißwein und der Fleischbrühe übergießen.

Die Schweinefilets mit Alufolie zugedeckt im vorgeheizten Backofen bei 180 °C ca. 50 Minuten garen lassen. Herausnehmen, auf einen Teller legen und warm stellen.

Die Soße in einen Topf umgießen und mit Salz und Pfeffer würzen. Die gefrorene Kräutermischung zugeben, nochmals aufkochen lassen und den Soßenbinder einrühren.

Die Schweinefilets in Scheiben aufschneiden und mit der Soße servieren.

Medaillonpfanne mit Frühlingszwiebeln und Meerrettich

Georg Franke *aus Finnentrop-Ostentrop*

Für 4 Personen
Vor- und Zubereitungszeit: 1 Stunde 10 Minuten

8 bofrost*Schweinefilet-Medaillons, mariniert
2 Bund Frühlingszwiebeln
3 EL Öl
400 g Sahne
20 g bofrost*Kräuterprofi „Kräutermischung"
1 TL Sahnemeerrettich
Salz, schwarzer Pfeffer aus der Mühle
400 g bofrost*Prinzessbohnen
8 Scheiben Schinkenspeck
8 bofrost*Kartoffelklöße
2 EL bofrost*Kräuterprofi „Petersilie"

Die gefrorenen Schweinefilet-Medaillons am besten über Nacht im Kühlschrank auftauen lassen.

Die Frühlingszwiebeln putzen, waschen und in dünne Ringe schneiden.

2 Esslöffel Öl erhitzen und die Schweinefilet-Medaillons darin in ca. 5 Minuten von beiden Seiten anbraten. Dann nebeneinander in eine Auflaufform geben und mit den Frühlingszwiebelringen bedecken.

In einer Schüssel die Sahne mit der gefrorenen Kräutermischung und dem Sahnemeerrettich verrühren, mit Salz und Pfeffer abschmecken und über das Fleisch gießen. Die Schweinefilet-Medaillons im vorgeheizten Backofen bei 200 °C ca. 30 Minuten garen lassen.

Inzwischen die gefrorenen Prinzessbohnen in etwas leicht gesalzenem Wasser 8 Minuten garen, in ein Sieb abgießen und mit Eiswasser abschrecken. 7 bis 10 Bohnen mit jeweils 1 Scheibe Schinkenspeck umwickeln.

Die Kartoffelklöße in kochendem Salzwasser 20 Minuten garen.

Das restliche Öl erhitzen und die Schinkenspeck-Bohnen-Päckchen darin in 5 Minuten von allen Seiten braten. Mit 1 Esslöffel gefrorener Petersilie bestreuen und ca. 1 Minute zugedeckt ziehen lassen.

Die Medaillonpfanne mit den Kartoffelklößen und den Schinken-Bohnen-Päckchen auf vorgewärmten Tellern anrichten, mit der restlichen gefrorenen Petersilie bestreuen und servieren.

Schweinefilet mit Gorgonzolasoße

Kerstin Fuhlendorf *aus Quickborn*

Für 4 Personen
Vorbereitungszeit: 35 Minuten
Garzeit: 15–20 Minuten

8 bofrost*Schweinefilet-Medaillons, mariniert
2 EL Öl
3–4 EL bofrost*Zwiebelwürfel
1 Pck. bofrost*Bohnenpfanne „Delikatess" (1000 g)
150 ml Milch
100 ml Wasser
2 Pck. Sauce hollandaise (für 250 ml)
100 g Butter
100 g Gorgonzola
Salz, schwarzer Pfeffer aus der Mühle
Fett für die Form
1 Dose geschälte Tomaten (400 g)
4 EL geriebener Gouda

Die gefrorenen Schweinefilet-Medaillons am besten über Nacht im Kühlschrank auftauen lassen.

Das Öl in einer Pfanne erhitzen und die Schweinefilet-Medaillons darin in ca. 5 Minuten von beiden Seiten anbraten; bei mittlerer Hitze 10 Minuten weiter braten. Herausnehmen und ruhen lassen.

Die gefrorenen Zwiebelwürfel in derselben Pfanne anbraten. Die gefrorene Bohnenpfanne dazugeben und 10 Minuten mitbraten.

Milch und Wasser in einem Topf erwärmen, das Soßenpulver glatt einrühren und aufkochen lassen. Die kalte Butter in kleinen Portionen langsam unterrühren; dann den zerbröselten Gorgonzola untermischen. Mit Salz und Pfeffer abschmecken.

Eine Auflaufform von ca. 20 x 30 cm etwas einfetten. Die Schweinefilet-Medaillons in Scheiben aufschneiden und zusammen mit der Bohnenpfanne und den Tomaten mit Saft hineingeben. Die Käsesoße darüber gießen, mit Gouda bestreuen und alles im vorgeheizten Backofen bei 200 °C 15 bis 20 Minuten garen. Herausnehmen und gleich servieren.

Geschnetzeltes Schweinefilet mit Pilzen

Wiltrud Dobrowolski *aus Hamburg*

Für 4 Personen
Vor- und Zubereitungszeit: 35 Minuten

1 Pck. bofrost*Schweinefilet-Medaillons, mariniert (500 g)
2 Zwiebeln
70 g durchwachsener Speck
1 EL Butter
300 g bofrost*Feinschmecker-Pilzmischung
300 ml Fleischbrühe
schwarzer Pfeffer aus der Mühle
1 EL Mehl
100 g Crème fraîche
2 EL Kräuter der Provence

Die gefrorenen Schweinefilet-Medaillons am besten über Nacht im Kühlschrank auftauen lassen. Die Medaillons in ca. 1/2 cm dicke Scheiben schneiden.

Die Zwiebeln abziehen und fein würfeln. Den Speck ebenfalls würfeln.

Die Butter in einer Pfanne erhitzen und die Speckwürfel darin kross anbraten. Dann die Filetscheiben dazugeben und in ca. 4 Minuten von beiden Seiten braten. Die Filetscheiben herausnehmen und warm stellen.

Die Zwiebelwürfel in derselben Pfanne glasig anschwitzen, dann die gefrorene Pilzmischung dazugeben und 10 Minuten garen. Die Filetscheiben wieder dazugeben, mit der Fleischbrühe ablöschen und mit Pfeffer würzen.

Das Mehl in wenig kaltem Wasser glatt anrühren, in die Soße einrühren und alles aufkochen lassen. Danach die Crème fraîche und die Kräuter der Provence untermischen und das Geschnetzelte auf Tellern verteilt servieren.

*Tipp: Da der Speck bereits sehr salzig ist, muss man nicht unbedingt nachsalzen. Dazu bofrost*Original schwäbische Eierspätzle und gemischten Blattsalat reichen.*

Schweinefleisch süß-sauer

Birgit Lange *aus Warendorf*

Für 4 Personen
Vor- und Zubereitungszeit: 40 Minuten

750 g Schnitzelfleisch
Salz, schwarzer Pfeffer aus der Mühle
2 EL Sherry
1 Knoblauchzehe
2 EL Öl
200 g bofrost*Möhren gewürfelt
150 g bofrost*Zwiebelwürfel
3 EL Tomatenketchup
2 EL Sojasauce
2 EL Essig
1 EL Zucker
125 ml Gemüsebrühe
125 ml Weißwein
4 EL Sahne
1 TL Stärkemehl

Das Schnitzelfleisch in dünne Streifen schneiden, mit Salz und Pfeffer würzen und mit dem Sherry beträufeln.

Die Knoblauchzehe abziehen und fein hacken.

Das Öl in einer Pfanne erhitzen, die Schnitzelstreifen darin von allen Seiten 2 Minuten anbraten. Die gefrorenen Möhren und Zwiebelwürfel und den Knoblauch dazugeben und 3 Minuten mitbraten. Mit Tomatenketchup, Sojasauce, Essig und Zucker würzen und mit der Gemüsebrühe und dem Weißwein ablöschen. Nochmals aufkochen lassen.

Die Sahne mit dem Stärkemehl glatt anrühren, zugießen und nochmals kurz aufkochen lassen. Mit Salz und Pfeffer abschmecken und servieren.

Tipp: Als Beilage eignen sich Reis und ein grüner Salat.

Schweinefilet à la Eva-Maria

Eva-Maria Haug *aus Großbottwar*

Für 2–3 Personen
Vor- und Zubereitungszeit: 50 Minuten

1 Schweinefilet (ca. 600 g)
Salz, schwarzer Pfeffer aus der Mühle
2 Tomaten
2 EL Öl
4 EL bofrost*Zwiebelwürfel
150 g bofrost*Möhren gewürfelt
1 TL Rosmarin
200 ml trockener Weißwein
200 g bofrost*Champignons in Scheiben
4 EL bofrost*Kräuterprofi „Petersilie"
125 g Sahne

Das Schweinefilet waschen, häuten und trockentupfen; dann kräftig salzen und pfeffern. Die Tomaten waschen und klein würfeln.

1 Esslöffel Öl in einer ofenfesten Pfanne erhitzen und das Schweinefilet darin von allen Seiten in ca. 5 Minuten anbraten. Herausnehmen und warm stellen.

In derselben Pfanne die gefrorenen Zwiebel- und Möhrenwürfel, die Tomatenwürfel und den Rosmarin 5 Minuten andünsten. Mit Salz und Pfeffer würzen, das Schweinefilet darauf legen und mit dem Weißwein übergießen.

Das Schweinefilet im vorgeheizten Backofen bei 200 °C 20 Minuten garen. Herausnehmen, in Scheiben aufschneiden und warm stellen.

Inzwischen das restliche Öl in einer weiteren Pfanne erhitzen und die gefrorenen Champignons darin 5 Minuten anbraten; dann die gefrorene Petersilie unter mischen. Die Sahne steif schlagen.

Den Schweinefilet-Bratensaft mit dem Gemüse durch ein Sieb streichen und zu den Champignons gießen. Die Soße mit Salz und Pfeffer würzen und die Sahne unterziehen – nicht mehr aufkochen lassen!

Die Filetscheiben auf einer vorgewärmten Platte anrichten und die Soße darüber gießen.

Pikante Frühlingsrollen

Agnes Wandinger *aus St. Wolfgang*

Für 4 Personen
Vorbereitungszeit: 50 Minuten
Backzeit: 35–40 Minuten

2 Platten bofrost*Blätterteig
Mehl für die Arbeitsfläche
1/4 Weißkrautkopf
2 große Zwiebeln
2 EL Öl
250 g gemischtes Hackfleisch
150 g bofrost*Porree
Salz, schwarzer Pfeffer aus der Mühle
150 g bofrost*Champignons in Scheiben
2 EL Sojasauce
200 g geriebener Gouda
3 Eigelbe

Außerdem:
bofrost*Dauer-Backfolie

Den gefrorenen Blätterteig auf einer leicht bemehlten Arbeitsfläche auftauen lassen; dann zu 2 Rechtecken von ca. 40 x 60 cm ausrollen und die Teigplatten auf ein Küchenhandtuch legen.

Das Weißkraut putzen, waschen und in feine Streifen schneiden. Die Zwiebeln abziehen und in Ringe schneiden.

1 Esslöffel Öl in einem Topf erhitzen und Zwiebelringe, Hackfleisch und gefrorenen Porree darin 7 Minuten anschwitzen; mit Salz und Pfeffer würzen.

Das restliche Öl in einer anderen Pfanne erhitzen und das Weißkraut mit den gefrorenen Champignons darin 20 Minuten dünsten. Mit Sojasauce würzen.

Beide Pfanneninhalte in einer Schüssel vermischen, etwas abkühlen lassen und nochmals mit Salz und Pfeffer würzen.

Den Gouda mit 2 Eigelben verrühren und ebenfalls salzen und pfeffern.

Die Füllung auf den beiden Blätterteig-Rechtecken verteilen und mit der Eigelb-Käse-Mischung begießen.

Die beiden Teigplatten mit Hilfe des Küchenhandtuchs zusammenrollen, auf ein mit Backfolie ausgelegtes Blech legen und die seitlichen Ränder fest zusammendrücken. Die Rollen mit dem restlichen Eigelb bepinseln und im vorgeheizten Backofen bei 200 °C 35 bis 40 Minuten backen: Heiß servieren.

Möhrentopf mit Hackfleisch

Ingo Thies *aus Wetzlar*

Für 4–5 Personen
Vor- und Zubereitungszeit: 30 Minuten

500 g bofrost*Porree
500 ml Fleischbrühe
30 g Butter
500 g bofrost*Möhren gewürfelt
1 große Zwiebel
1 Knoblauchzehe
2 EL Öl
375 g gemischtes Hackfleisch
Salz, schwarzer Pfeffer aus der Mühle
1 Spritzer Worcestershire-Sauce
1 EL frisch gehackte Petersilie

Den Porree in einem Sieb am besten über Nacht auftauen lassen; dann halbieren.

Die Fleischbrühe zum Kochen bringen.

Inzwischen die Butter erhitzen und die gefrorenen Möhren mit dem Porree darin 5 Minuten andünsten. Dann das Gemüse in die heiße Fleischbrühe geben und bei geringer Hitze 10 Minuten köcheln lassen. Den Topf vom Herd nehmen.

Zwiebel und Knoblauch abziehen und würfeln. Das Öl in einer Pfanne erhitzen und das Hackfleisch samt Zwiebel- und Knoblauchwürfel darin in ca. 10 Minuten krümelig braten. Mit Salz, Pfeffer und Worcestershire-Sauce würzen.

Das Hackfleisch zu dem Gemüse in der Brühe geben, gut vermischen, nochmals abschmecken und mit der Petersilie bestreut servieren.

Hirtentopf

Anke Kurwan *aus Mulda*

Für 4–6 Personen
Vorbereitungszeit: 30 Minuten
Garzeit: 30 Minuten

1 Glas gewürfelter Kuhmilch-Feta (300 g)
750 g gemischtes Hackfleisch
200 g bofrost*Paprikastreifen
600 g bofrost*Champignons in Scheiben
600 g Crème fraîche
1–2 EL bofrost*Kräuterprofi „Kräutermischung"
Salz, schwarzer Pfeffer aus der Mühle
200 g Schafmilch-Feta am Stück

Den Kuhmilch-Feta in einem Sieb abtropfen lassen, dabei das Öl auffangen.

3 Esslöffel des Feta-Öls in einem Topf erhitzen und das Hackfleisch darin in ca. 10 Minuten krümelig braten. Die gefrorenen Paprikastreifen und Champignons dazugeben und 5 Minuten dünsten lassen.

Die Crème fraîche mit den gefrorenen Kräutern vermischen und unter die Hackfleisch-Gemüse-Mischung ziehen. Mit Salz und Pfeffer würzen.

Eine Auflaufform mit etwas Feta-Öl ausstreichen und die Hackfleisch-Gemüse-Mischung hineinfüllen. Im vorgeheizten Backofen bei 200 °C ca. 20 Minuten backen lassen.

Den Schafmilch-Feta zerkrümeln und zusammen mit den eingelegten Feta-Würfeln über dem Hackfleisch-Gemüse verteilen; weitere 10 Minuten backen lassen. Herausnehmen und gleich servieren.

*Tipp: Dazu gibt es ofenwarme bofrost*Laugenstangen.*

Jägerschnitzel mit Champignons in Riesling-Sahne-Soße

Klaus Willmann *aus Langenaltheim*

Für 4 Personen
Vor- und Zubereitungszeit: 30 Minuten

4 Schweineschnitzel (à 200 g)
Salz, schwarzer Pfeffer aus der Mühle
3 EL Öl
2 EL Butter
4 EL bofrost*Zwiebelwürfel
600 g bofrost*Champignons in Scheiben
40 ml trockener Riesling
500 g Sahne
2 Msp. edelsüßes Paprikapulver
1 EL bofrost*Kräuterprofi „Petersilie"
1 EL bofrost*Kräuterprofi „Schnittlauch"

Die Schweineschnitzel mit Salz und Pfeffer würzen.

Das Öl in einer Pfanne erhitzen, die Butter dazugeben und schmelzen lassen und die Schweineschnitzel darin auf jeder Seite 4 Minuten braten. Herausnehmen und auf einem vorgewärmten Teller warm stellen.

Die gefrorenen Zwiebelwürfel im selben Bratfett 2 Minuten anschwitzen und dann die gefrorenen Champignons dazugeben. Mit dem Riesling ablöschen und die Sahne dazugießen. Die Soße in ca. 10 Minuten sämig einkochen lassen und mit Paprikapulver, Salz und Pfeffer abschmecken.

Die gefrorenen Kräuter einrühren und 1 weitere Minute auf der ausgeschalteten Herdplatte ziehen lassen.

Die Schweineschnitzel auf vorgewärmten Tellern anrichten und die Riesling-Sahne-Soße darüber geben.

*Tipp: Dazu bofrost*Original Schwäbische Eierspätzle reichen und einen Feldsalat, evtl. mit knusprig gebratenen Bauchspeckwürfeln.*

CHRISTOPH
WIDMANN

Puszta-Topf

Alexandra Ernst *aus Überherrn*

Für 4–6 Personen
Vorbereitungszeit: 30 Minuten
Garzeit: 2 Stunden

1/2 Pck. bofrost*Truthahn-Schnitzel (500 g)
500 g Rindfleisch für Gulasch
150 g Bauchspeck
2 Cabanossi (120 g)
2–3 Knoblauchzehen
1 Dose geschälte Tomaten (400 g)
500 g bofrost*Paprikastreifen
500 g bofrost*Zwiebelwürfel
250 g bofrost*Mais
350 ml Tomatenketchup
2 TL eingelegte grüne Pfefferkörner
Salz, schwarzer Pfeffer aus der Mühle

Die gefrorenen Truthahn-Schnitzel auf einen Porzellanteller legen, mit Klarsichtfolie abdecken und am besten über Nacht im Kühlschrank auftauen lassen. Am nächsten Tag kalt abwaschen und mit Küchenkrepp trockentupfen.

Rindergulasch und Truthahn-Schnitzel in ca. 4 cm große Würfel schneiden. Den Bauchspeck und die Cabanossi in dünne Scheiben schneiden. Die Knoblauchzehen abziehen und grob zerdrücken. Die geschälten Tomaten in einem Sieb abtropfen lassen.

Alle Zutaten samt den gefrorenen Paprikastreifen, gefrorenen Zwiebelwürfel und Mais sowie Ketchup und grünem Pfeffer in einen großen Bräter geben und gut miteinander vermischen. Den Deckel darauf setzen und im Backofen bei 200 °C ca. 2 Stunden garen.

Aus dem Backofen nehmen, mit Salz und Pfeffer abschmecken und sofort servieren.

Tipp: Dazu passt am besten Reis.

Ochsenschwanzragout

Helga Siegel *aus Gillersheim*

Für 4 Personen
Vor- und Zubereitungszeit: 2 Stunden 40 Minuten

1 kg Ochsenschwanz
4 EL Öl
500 g bofrost*Zwiebelwürfel
Salz, schwarzer Pfeffer aus der Mühle
1 EL edelsüßes Paprikapulver
Cayennepfeffer
1 geh. TL Thymian
500 ml Rotwein
1 TL gekörnte Instant-Fleischbrühe
2 EL Tomatenmark
300 g bofrost*bo*Erbsen extra zart
300 g bofrost*Champignons in Scheiben
2 EL Mehl

Den zerteilten Ochsenschwanz vom Fett befreien, waschen und mit Küchenkrepp trockentupfen.

Das Öl in einem großen Topf erhitzen, den Ochsenschwanz darin von allen Seiten bei starker Hitze 10 Minuten anbraten. Die gefrorenen Zwiebelwürfel zugeben und 5 Minuten mitdünsten.

Dann alles mit Salz, Pfeffer, Paprikapulver, Cayennepfeffer und Thymian würzen und mit dem Rotwein ablöschen. Die gekörnte Fleischbrühe und das Tomatenmark einrühren, den Topf mit einem Deckel verschließen und das Ochsenschwanzragout bei geringer Hitze 2 Stunden schmoren lassen.

Die gefrorenen Erbsen und Champignons zugeben und weitere 10 Minuten ohne Deckel kochen lassen. Das Mehl in wenig kaltem Wasser oder Rotwein glatt anrühren und die Soße damit binden.

Nochmals mit Salz, Pfeffer und Paprikapulver abschmecken und servieren.

*Tipp: Als Beilage eignen sich bofrost*Kartoffel-Klöße.*

Lammrücken-Medaillons „Tropicana" an Butterreis

Klaus-Peter Kotala *aus Niederkrüchten-Elmpt*

Für 3–4 Personen
Vor- und Zubereitungszeit: 30 Minuten

1 Pck. bofrost*Lammrücken-Medaillons, mariniert (500 g)
2 EL Sonnenblumenöl
Salz, schwarzer Pfeffer aus der Mühle
1 Banane
150 g Ananasstücke aus der Dose
110 g Sauerkirschen aus dem Glas
3 EL Sauerkirschsaft
3 EL Ananassaft
1 Spritzer Apfelessig
50 ml Rotwein
1 TL mittelscharfer Senf
1 EL Honig

Die gefrorenen Lammrücken-Medaillons am besten über Nacht im Kühlschrank auftauen lassen.

Das Öl in einer großen Pfanne erhitzen und die Lammrücken-Medaillons darin von beiden Seiten 2 Minuten scharf anbraten; dann die Hitze reduzieren und die Lammrücken-Medaillons auf jeder Seite 5 Minuten schmoren. Herausnehmen, salzen, pfeffern und warm stellen.

Die Banane schälen und in Scheiben schneiden. Die Ananasstücke und die Sauerkirschen in zwei getrennte Siebe abgießen, dabei den Saft auffangen. Die Ananasstücke in das verbliebene Bratfett geben und kurz anbraten. Bananenscheiben und Sauerkirschen dazugeben und jeweils 3 Esslöffel Sauerkirsch- und Ananassaft sowie 1 Spritzer Apfelessig und den Rotwein dazugießen. Die Hitze reduzieren und den Senf und Honig einrühren.

Die Lammrücken-Medaillons auf eine Platte legen und mit der fruchtigen Soße übergießen.

Tipp: Dazu Butterreis reichen.

Lammpfanne „Türkischer Abend"

Familie Jens Müller *aus Lauter*

Für 4–6 Personen
Vorbereitungszeit: 40 Minuten

2 Pck. bofrost*Lammrücken-Medaillons, mariniert (à 500 g)
3 Knoblauchzehen
Salz, schwarzer Pfeffer aus der Mühle
je 1 geh. TL Oregano, Rosmarin und Thymian
Saft von 1 Zitrone
5 EL Olivenöl
1 EL Butter
250 g bofrost*Zwiebelwürfel
300 g bofrost*Paprikastreifen
200 g Joghurt
75 g Schafskäse
1 EL abgeriebene Zitronenschale
1 EL gehackte Basilikumblättchen

Die gefrorenen Lammrücken-Medaillons am besten über Nacht im Kühlschrank auftauen lassen. Dann die Medaillons in ca. 2 cm große Würfel schneiden.

Die Knoblauchzehen abziehen und durch eine Presse drücken. Zusammen mit Salz, Pfeffer, den Kräutern, der Hälfte des Zitronensafts und 4 Esslöffeln Olivenöl zu einer Soße verrühren.

Das restliche Öl mit der Butter in einer Pfanne erhitzen. Das Lammfleisch darin kurz anbraten, die gefrorenen Zwiebelwürfel und Paprikastreifen untermengen, die Kräuter-Öl-Soße darüber gießen und alles gut miteinander vermischen. Bei mittlerer Hitze 12 bis 15 Minuten unter gelegentlichem Rühren garen.

Inzwischen den Joghurt und den restlichen Zitronensaft glatt verrühren und mit Salz und Pfeffer würzen.

Dann den zerbröselten Schafskäse in die Lammpfanne einrühren und mit Zitronenschale und Basilikum bestreut servieren. Die Joghurtsoße dazu reichen.

Die besten Rezepte
unserer Kunden

Jungschweinerücken mit Ahornsirup und glasiertem Leipziger Allerlei

Isolde Mayer aus Glienicke

Für 6 Personen
Vorbereitungszeit: 45 Minuten
Garzeit: 2 Stunden 10 Minuten

1 1/2 kg Jungschweinerücken mit Schwarte
Salz, schwarzer Pfeffer aus der Mühle
200 ml Wasser
2 EL Sonnenblumenöl
50 ml Ahornsirup
4 große Zwiebeln
3 Knoblauchzehen
1 l Fleischbrühe
1 EL Tomatenmark
2–3 EL Mehl
2–3 EL Sahne
1 EL Butter
3 EL bofrost*Kräuterprofi „Petersilie"

Leipziger Allerlei:
2 EL Butter
2 EL Puderzucker
1 Pck. bofrost*Leipziger Allerlei (1000 g)
Salz

Die Schwarte vom Jungschweinerücken über Kreuz einschneiden (den Metzger darum bitten) und den Braten von allen Seiten kräftig mit Salz und Pfeffer einreiben.

Das kalte Wasser in einen Bräter geben. Das Bratenstück mit der Schwarte nach unten einlegen, langsam erhitzen und 10 Minuten leicht köcheln lassen – durch das kalte Wasser öffnet sich die Schwarte, so dass das Fett austreten kann. Dann den Braten umdrehen, das Sonnenblumenöl zufügen und die Schwarte mit 20 ml Ahornsirup einstreichen.

Inzwischen die Zwiebeln und Knoblauchzehen abziehen; die Zwiebeln würfeln, den Knoblauch leicht flach drücken. Beides mit in den Bräter geben und 100 ml Fleischbrühe angießen.

Den Braten zugedeckt im vorgeheizten Backofen bei 180 °C ca. 1 1/2 Stunden garen; immer wieder etwas Fleischbrühe zugießen.

Nach der Garzeit den Deckel abnehmen, die Schwarte nochmals mit 20 ml Ahornsirup bestreichen und weitere 30 Minuten ohne Deckel braten.

Inzwischen für das Leipziger Allerlei die Butter in einem Topf erhitzen, den Puderzucker darin karamellisieren lassen und das gefrorene Leipziger Allerlei darin 10 Minuten dünsten; mit Salz würzen.

Den Schweinebraten herausnehmen und warm stellen. Den Bratenfond mit den Zwiebeln durch ein Sieb in einen Topf streichen.

Das Tomatenmark in den Bratfond einrühren und aufkochen lassen. Mehl und Sahne glatt miteinander verrühren und langsam unterrühren. Nochmals aufkochen lassen und mit Salz, dem restlichen Ahornsirup und Butter abschmecken.

Den Braten in 2 cm dicke Scheiben aufschneiden, auf einer vorgewärmten Platte anrichten und mit der Soße begießen. Mit der gefrorenen Petersilie garnieren und mit dem Leipziger Allerlei servieren.

*Tipp: Dazu passen die bofrost*Kartoffelklöße besonders gut.*

Die besten Rezepte unserer Kunden

Aufläufe & Gratins

Bauernauflauf mit Bratwürstchen

Bernhard Gödicke *aus Oberröblingen*

Für 3–4 Personen
Vorbereitungszeit: 50 Minuten
Backzeit: 30 Minuten

14 bofrost*Rostbratwürstl
400 g fest kochende Kartoffeln
Salz
2 EL Öl
1 TL Majoran
1 Prise Kümmel
schwarzer Pfeffer aus der Mühle
150 g bofrost*Zwiebelwürfel
200 g bofrost*Paprikastreifen
200 g bofrost*Broccoli-Röschen
1 EL Butter für die Form
4 Eier
250 ml Milch

Die Rostbratwürstl auf einem Porzellanteller abgedeckt auftauen lassen; dann in Scheiben aufschneiden.

Inzwischen die Kartoffeln waschen, in kochendem Salzwasser garen, abgießen, pellen, etwas abkühlen lassen und in Scheiben schneiden.

Das Öl in einer beschichteten Pfanne erhitzen und die Rostbratwürstl- und Kartoffelscheiben darin bei mittlerer Hitze in ca. 15 Minuten goldbraun anbraten. Mit Majoran, Kümmel, Salz und schwarzem Pfeffer würzen.

Die gefrorenen Zwiebelwürfel und Paprikastreifen zufügen und 3 Minuten mitdünsten lassen. Dann die gefrorenen Broccoli-Röschen dazugeben und weitere 3 Minuten garen lassen.

Eine Auflaufform von ca. 25 x 30 cm mit der Butter einfetten und die Masse einfüllen. Die Eier mit der Milch verquirlen, salzen und darüber gießen.

Den Bauernauflauf im vorgeheizten Backofen bei 180 °C ca. 30 Minuten backen. Herausnehmen, kurz ruhen lassen und servieren.

Blumenkohlauflauf

Klaudia Krieg *aus Bocholt*

Für 4–5 Personen
Vorbereitungszeit: 35 Minuten
Backzeit: 30 Minuten

800 g bofrost*Blumenkohl
Salz
2 EL Margarine
500 g gemischtes Hackfleisch
400 g Sahne
200 g Schmand
150 g Sahneschmelzkäse
Fett für die Form

Den gefrorenen Blumenkohl 3 bis 4 Minuten in kochendes Salzwasser geben; herausheben und in einem Sieb abtropfen lassen.

Inzwischen die Margarine erhitzen und das Hackfleisch darin 10 Minuten anbraten. Sahne, Schmand und Schmelzkäse mit einem Stabmixer glatt pürieren.

Eine Auflaufform von ca. 20 x 30 cm einfetten, den Blumenkohl und das Hackfleisch darin verteilen und mit der Sahne-Schmand-Käsesoße übergießen.

Den Auflauf im vorgeheizten Backofen bei 200 °C ca. 30 Minuten backen. Herausnehmen, kurz ruhen lassen und servieren.

Tipp: Dazu passen am besten Salzkartoffeln.

Crêpes mit Pilzfüllung

Doris Kammermeier *aus Obertraubling*

Für 4 Personen
Vorbereitungszeit: 45 Minuten
Backzeit: 15 Minuten

100 g Mehl
2 Eier
1 Prise Salz
225 ml Milch
Butter zum Ausbacken

Füllung:
1 Zwiebel
2 Knoblauchzehen
1 EL Öl
350 g bofrost*Rahm-Champignons
Salz, schwarzer Pfeffer aus der Mühle
1 EL bofrost*Kräuterprofi „Petersilie"
Fett für die Form
50 g geriebener Käse (z. B. Gouda)

Alle Zutaten für den Pfannkuchenteig miteinander glatt verrühren. Den Teig ca. 30 Minuten kalt stellen. Dann eine beschichtete Pfanne mit der Butter ausstreichen und den Teig darin zu 4 bis 6 dünnen Crêpes ausbacken. Die Crêpes abkühlen lassen.

Für die Füllung Zwiebel und Knoblauchzehen abziehen und klein hacken.

Das Öl in einer Pfanne erhitzen und Zwiebeln und Knoblauch darin anbraten. Die gefrorenen Rahm-Champignons zugeben und 10 Minuten dünsten lassen. Mit Salz, Pfeffer und der gefrorenen Petersilie würzen.

2/3 der Füllung auf den Pfannkuchen verteilen, diese zusammenrollen und in eine leicht gefettete Auflaufform legen. Die restliche Füllung über den Crêpes verteilen und alles mit dem Käse bestreuen.

Die Crêpes im vorgeheizten Backofen bei 180 °C ca. 15 Minuten überbacken. Herausnehmen und gleich servieren.

Tipp: Dazu Salat reichen.

Erbsen-Quiche

Christina Zeidler *aus Braunlage*

Für 2 Personen
Vorbereitungszeit: 25 Minuten
Backzeit: 45 Minuten

1 Platte bofrost*Blätterteig
Mehl für die Arbeitsfläche
100 g gekochter Schinken
Fett für die Form
250 g bofrost*bo*Erbsen „Petits Pois"
2 Eier
200 g Crème fraîche
1 TL Speisestärke
Salz, schwarzer Pfeffer aus der Mühle
1 Msp. Knoblauchsalz
100 g geriebener Hartkäse

Den Blätterteig auf einer leicht bemehlten Arbeitsfläche auftauen lassen; dann dünn ausrollen.

Inzwischen den Schinken in dünne Streifen schneiden. Eine Auflauf- oder Quiche-form von ca. 15 x 18 cm Größe einfetten.

Den Blätterteig in die Auflaufform einlegen; dabei einen Rand hoch ziehen.

Die gefrorenen Erbsen und die Schinkenstreifen auf dem Teigbogen verteilen.

Eier, Crème fraîche, Speisestärke und Gewürze mit einem Schneebesen verquirlen und über das Gemüse gießen.

Die Quiche im vorgeheizten Backofen bei 180 °C ca. 30 Minuten backen. Danach mit dem Käse bestreuen und in weiteren 15 Minuten fertig backen. Herausnehmen und gleich servieren.

Fischauflauf mit Senfrahmsoße

Carmen Mittelstädt *aus Buxtehude*

Für 4 Personen
Vorbereitungszeit: 35 Minuten
Backzeit: 40 Minuten

4 bofrost*Kabeljaufilets, naturbelassen
Salz
2 EL Zitronensaft
400 g Kartoffeln
250 ml Gemüsebrühe
250 ml Milch
100 g Sahne
4 EL körniger Senf
schwarzer Pfeffer aus der Mühle
1 Prise Zucker
3–4 EL heller Soßenbinder
2 EL Öl für die Form
400 g bofrost*Möhren gewürfelt
500 g bofrost*bo*Erbsen extra zart

Die gefrorenen Kabeljaufilets auf einen Porzellanteller legen, mit Klarsichtfolie abdecken und am besten über Nacht im Kühlschrank auftauen lassen. Am nächsten Tag kalt abwaschen, mit Küchenkrepp trockentupfen, leicht salzen und mit Zitronensaft beträufeln.

Die Kartoffeln waschen, in kochendem Salzwasser garen, abgießen und pellen. Die abgekühlten Kartoffeln in ca. 1/2 cm dicke Scheiben schneiden.

Gemüsebrühe, Milch, Sahne und Senf in einem Topf aufkochen und mit Salz, Pfeffer und Zucker würzen. Dann den Soßenbinder einrühren und nochmals aufkochen.

Eine Auflaufform von ca. 20 x 30 cm einölen und die Kartoffelscheiben einschichten. Das gefrorene Gemüse darüber verteilen und die Kabeljaufilets obenauf legen. Mit der heißen Soße übergießen.

Den Auflauf im vorgeheizten Backofen bei 200 °C ca. 40 Minuten garen.

Lachs-Nudel-Auflauf

Karin Lüker *aus Münster*

Für 2–4 Personen
Vorbereitungszeit: 30 Minuten
Garzeit: 40–50 Minuten

300 g bofrost*Lachsfilet
125 g Nudeln (z. B. Farfalle)
Salz
Fett für die Form
250 g bofrost*Broccoli-Röschen
150 g geriebener Gouda
125 g Crème fraîche
250 ml Sahne
125 ml Milch
schwarzer Pfeffer aus der Mühle

Die gefrorenen Lachsfilets auf einen Porzellanteller legen, mit Klarsichtfolie abdecken und am besten über Nacht im Kühlschrank auftauen lassen. Am nächsten Tag kalt abwaschen, mit Küchenkrepp trockentupfen und in ca. 1 cm breite Scheiben schneiden.

Die Nudeln in kochendem Salzwasser nach Packungsanweisung bissfest garen, in ein Sieb abgießen und abtropfen lassen.

Eine runde Auflaufform von 24 cm Ø etwas einfetten und die heißen Nudeln darin verteilen. Die Lachsscheiben darauf legen und die gefrorenen Broccoli-Röschen darüber verteilen. Mit der Hälfte des geriebenen Goudas bestreuen.

Crème fraîche, Sahne und Milch verrühren und mit Salz und Pfeffer würzen. Die Mischung über den Lachs-Nudel-Auflauf gießen und alles mit dem restlichen Käse bestreuen.

Den Auflauf im vorgeheizten Backofen bei 180 °C 40 bis 50 Minuten garen.

Schwedischer Fischauflauf

Åsa Weißenborn *aus Mainhausen*

Für 4 Personen
Vorbereitungszeit: 45 Minuten
Backzeit: 30 Minuten

600 g bofrost*Schollenfilets, naturbelassen
Fett für die Form
Salz
150 ml Fischfond
100 ml Weißwein
150 ml Wasser

Kartoffelpüree:
8–10 Kartoffeln
Salz
2 EL Butter
1 Ei
50 ml Milch

Garnelensoße:
2 EL Butter
3 EL Mehl
evtl. noch etwas Fischfond
100 g Sahne
1 Eigelb
Salz, weißer Pfeffer
1 TL Chilisoße
2 EL Ketchup
1/2 Pck. bofrost*Luxuskrabben (Grönlandgarnelen, 250 g)
2 EL gehackter Dill

Außerdem:
Alufolie

Die gefrorenen Schollenfilets auf einen Porzellanteller legen, mit Klarsichtfolie abdecken und am besten über Nacht im Kühlschrank auftauen lassen. Am nächsten Tag kalt abwaschen und mit Küchenkrepp trockentupfen.

Eine Auflaufform von ca. 20 x 26 cm einfetten, die Schollenfilets hineinlegen und leicht salzen. Mit Fischfond, Weißwein und Wasser begießen und mit Alufolie abdecken.

Die Schollenfilets im vorgeheizten Backofen bei 220 °C 10 bis 15 Minuten garen; herausnehmen und beiseite stellen. Den Fischsud durch ein Sieb in ein Gefäß abgießen und beiseite stellen. Die Schollenfilets wieder in die Auflaufform legen, mit Alufolie abdecken und warm stellen.

Inzwischen die Kartoffeln waschen, schälen, in kochendem Salzwasser garen, abgießen und durch eine Kartoffelpresse drücken. Butter, Ei und Milch dazugeben und mit Salz abschmecken.

Für die Soße die Butter in einem Topf erhitzen, das Mehl hellgelb darin anschwitzen und unter Rühren den beiseite gestellten Fischsud nach und nach zugeben. Einige Minuten kochen lassen. Sahne und Eigelb mit einem Schneebesen verquirlen und in die Soße einrühren. Mit Salz und Pfeffer abschmecken. Wer möchte, kann zusätzlich mit Chilisoße und Ketchup würzen – sie geben der Soße eine schöne Farbe.

Die eine Hälfte der gefrorenen Luxuskrabben in die Soße geben. Die andere Hälfte in einem Sieb antauen lassen.

Die Alufolie von der Auflaufform abnehmen, das Kartoffelpüree um den Rand spritzen (oder mit einem Esslöffel verteilen), die Krabbensoße über die Schollenfilets gießen und den Auflauf im heißen Backofen bei 250 °C 10 bis 15 Minuten gratinieren.

Die restlichen Krabben und den Dill darüber geben und heiß servieren.

Nudel-Broccoli-Auflauf

Ruth Hellwig *aus Hannover*

Für 4 Personen
Vorbereitungszeit: 40 Minuten
Backzeit: 30 Minuten

400 g bofrost*Hähnchen-Brustfilets, naturbelassen
250 g breite Bandnudeln
Salz
1 Zwiebel
20 g Butter
500 g bofrost*Broccoli-Röschen
schwarzer Pfeffer aus der Mühle
1 Prise Muskat
Fett für die Form
3 EL gehackte Walnüsse
3 Eier
250 g Sahne
100 g Frischkäse mit Kräutern
5 EL geriebener Emmentaler

Die gefrorenen Hähnchen-Brustfilets auf einen Porzellanteller legen, mit Klarsichtfolie abdecken und am besten über Nacht im Kühlschrank auftauen lassen. Am nächsten Tag kalt abwaschen, mit Küchenkrepp trockentupfen und in ca. 1 cm breite Streifen schneiden.

Die Bandnudeln in kochendem Salzwasser nach Packungsanweisung bissfest garen, in ein Sieb abgießen und abtropfen lassen. Inzwischen die Zwiebel abziehen und fein hacken.

Die Butter in einer großen Pfanne erhitzen und die Zwiebelwürfel darin glasig anschwitzen, dann die Hähnchenstreifen dazugeben und 3 Minuten von allen Seiten anbraten. Die gefrorenen Broccoli-Röschen dazugeben und unter vorsichtigem Wenden 5 Minuten mitdünsten. Die Bandnudeln unterheben und alles mit Salz, Pfeffer und Muskat würzen.

Eine Auflaufform von ca. 16 x 28 cm einfetten. Die Walnüsse in einer beschichteten Pfanne ohne Fettzugabe anrösten. Eier, Sahne und Frischkäse mit einem Schneebesen verquirlen und mit Salz und Pfeffer würzen.

Die Nudel-Broccoli-Mischung in die Auflaufform einfüllen, die Walnüsse darüber verteilen und die Ei-Frischkäse-Masse darüber gießen. Den Auflauf mit Emmentaler bestreuen und im vorgeheizten Backofen bei 160 °C ca. 30 Minuten backen lassen. Herausnehmen und heiß servieren.

Nudelauflauf

Petra Buesing *aus Krefeld*

Für 4 Personen
Vorbereitungszeit: 30 Minuten
Backzeit: 20 Minuten

1/2 Pck. bofrost*Penne Vier-Käse (500 g)
1/2 Pck. bofrost*Broccoli-Röschen (500 g)
Salz
1 Zwiebel
2 EL Butter
375 g Rinderhackfleisch
1 EL Tomatenmark
schwarzer Pfeffer aus der Mühle
1 Prise edelsüßes Paprikapulver
Fett für die Form
200 g Sahne oder Schmand
150 g mittelalter Gouda

Die Penne Vier-Käse in einer Schüssel auftauen lassen. Die gefrorenen Broccoli-Röschen 6 Minuten in kochendem Salzwasser garen, herausnehmen und in einem Sieb abtropfen lassen.

Inzwischen die Zwiebel abziehen, klein würfeln und in der heißen Butter anbraten. Das Rinderhackfleisch zugeben und krümelig braten. Dann Tomatenmark, Salz, Pfeffer und Paprikapulver einrühren.

Eine Auflaufform von ca. 20 x 30 cm einfetten und die Penne Vier-Käse darin verteilen. Die Broccoli-Röschen darauf geben und mit der Hackfleischmischung bedecken. Die Sahne oder den Schmand darüber gießen und mit dem Gouda bestreuen.

Den Auflauf im vorgeheizten Backofen bei 180 °C auf der mittleren Schiene ca. 20 Minuten goldbraun backen. Herausnehmen, kurz ruhen lassen und servieren.

Kartoffelgratin mit Pilzen

Claudia Reiner *aus Untergruppenbach*

Für 4–6 Personen
Vorbereitungszeit: 30 Minuten
Backzeit: 1 Stunde

125 g Bauchspeck
60 g Butter
1 EL bofrost*Zwiebelwürfel
375 g Sahne
250 g bofrost*Feinschmecker-Pilzmischung
1/2 Pck. bofrost*Bratkartoffeln (1000 g)
Salz, schwarzer Pfeffer aus der Mühle
1 EL bofrost*Kräuterprofi „Petersilie"
2 Eier
125 g geriebener Parmesan

Außerdem:
Alufolie

Den Bauchspeck würfeln. 30 Gramm Butter erhitzen, die Speckwürfel darin anbraten, die gefrorenen Zwiebelwürfel dazugeben und mit 250 Gramm Sahne ablöschen. Die gefrorene Feinschmecker-Pilzmischung einrühren und die Soße 15 Minuten einkochen lassen.

Eine Auflaufform von ca. 20 x 30 cm mit 15 Gramm Butter einfetten, die Hälfte der gefrorenen Bratkartoffeln darin einschichten und mit Salz und Pfeffer würzen. Die Pilzsoße darauf verteilen und mit den restlichen Bratkartoffeln bedecken. Nochmals salzen und pfeffern.

Die gefrorene Petersilie mit der restlichen Sahne, den aufgeschlagenen Eiern und 75 Gramm Parmesan zu einer glatten Masse verrühren und alles über den Auflauf gießen. Den restlichen Parmesan darüber streuen und die restliche Butter als Flöckchen obenauf setzen.

Den Auflauf mit Alufolie abdecken und für insgesamt 1 Stunde im vorgeheizten Backofen bei 200 °C backen lassen. Ungefähr 20 Minuten vor Ende der Garzeit die Folie abnehmen, so dass eine schöne Kruste entsteht.

Pizza ohne Teig

Rita Wolf-Berscheid *aus Blankenheim*

Für 2 Person
Vorbereitungszeit: 30 Minuten
Garzeit: 20 Minuten

100 g bofrost*Weißer Stangenspargel
2 EL Olivenöl
2 EL bofrost*Zwiebelwürfel
200 g bofrost*Paprikastreifen
1 EL gekörnte Instant-Gemüsebrühe
Öl für die Form
100 g Feta
4 Eier
150 g Joghurt
2 EL bofrost*
Kräuterprofi „Kräutermischung"
10–15 schwarze, entsteinte Oliven

Den Stangenspargel antauen lassen; dann in ca. 2 cm große Stücke schneiden.

Das Olivenöl in einer Pfanne erhitzen, die gefrorenen Zwiebelwürfel darin 5 Minuten anschwitzen. Dann die gefrorenen Paprikastreifen und die Spargelstücke dazugeben und weitere 5 Minuten dünsten. Mit 1/2 Esslöffel gekörnter Gemüsebrühe würzen.

Eine Auflaufform von ca. 18 x 28 cm leicht einölen. Den Feta klein würfeln. Eier und Joghurt mit einem Schneebesen verquirlen, die gefrorene Kräutermischung und die restliche gekörnte Gemüsebrühe untermischen.

Das Gemüse in der Form verteilen, die Oliven und die Feta-Würfel darüber streuen und mit der Ei-Joghurt-Masse begießen.

Den Auflauf im vorgeheizten Backofen bei 180 °C ca. 20 Minuten backen lassen. Herausnehmen und gleich servieren.

*Tipp: Anstelle des Spargels kann man auch 100 g bofrost*Champignons in Scheiben nehmen.*

Vegetarische Lasagne

Christina Elschner *aus Marburg*

Für 4 Personen
Vorbereitungszeit: 20 Minuten
Backzeit: 45 Minuten

1 Pck. bofrost*Ratatouille (2 Kochbeutel à 400 g)
5–6 Herzen bofrost*Junger Spinat (250 g)
250 g Ricotta
100 g geriebener Pecorino (oder Parmesan)
Salz, schwarzer Pfeffer aus der Mühle
1 Prise Muskat
Cayennepfeffer
Knoblauchpulver
1 Pck. passierte Tomaten (500 g)
1 EL Olivenöl
16 Lasagneblätter, ohne Vorkochen

Außerdem:
Alufolie

Das Ratatouille im Kochbeutel und den Spinat in einem Sieb abgedeckt am besten über Nacht im Kühlschrank auftauen lassen.

Spinat, Ricotta und 2 Esslöffel Pecorino vermischen und mit Salz, Pfeffer, Muskat, Cayennepfeffer und Knoblauchpulver herzhaft abschmecken.

Das Ratatouille und 2/3 der passierten Tomaten verrühren und mit Salz, Pfeffer und Knoblauch abschmecken

Eine Auflaufform von ca. 15 x 22 cm mit Olivenöl einfetten, mit etwas passierten Tomaten ausstreichen und mit einer Lage Lasagneblätter auslegen.

Die Hälfte der Spinatmasse darauf verteilen und mit einer Schicht Lasagneblätter bedecken. Darauf nun die Hälfte der Ratatouille-Masse geben und wieder mit einer Schicht Lasagneblätter bedecken. Diesen Vorgang wiederholen und mit einer Schicht Lasagneblätter abschließen. Darauf die restlichen passierten Tomaten verstreichen.

Den Auflauf mit Alufolie abdecken und im vorgeheizten Backofen bei 200 °C ca. 45 Minuten garen. 10 Minuten vor Ende der Garzeit die Alufolie abnehmen und den restlichen Pecorino darauf verteilen. Fertig backen, herausnehmen, kurz ruhen lassen und servieren.

Vegetarischer Nudelauflauf

Elisabeth Bies *aus Recklinghausen*

Für 2–3 Personen
Vorbereitungszeit: 20 Minuten
Backzeit: 25 Minuten

1/2 Pck. bofrost*Ratatouille (1 Kochbeutel à 400 g)
250 g kurze Makkaroni
Salz
4 Tomaten
Fett für die Form
125 g Sahne
250 g geriebener Parmesan

Das Ratatouille im Kochbeutel am besten über Nacht im Kühlschrank auftauen lassen.

Die Makkaroni in kochendem Salzwasser nach Packungsanweisung bissfest garen; in ein Sieb abgießen und abtropfen lassen.

Die Tomaten waschen und in Scheiben schneiden.

Eine Auflaufform von ca. 20 x 30 cm einfetten. Die Makkaroni mit dem Ratatouille, der Sahne und der Hälfte des Parmesans vermischen und in die Auflaufform geben. Die Tomatenscheiben darauf verteilen und mit dem restlichen Parmesan bestreuen.

Den Nudelauflauf im vorgeheizten Backofen bei 180 °C ca. 25 Minuten backen. Herausnehmen, kurz ruhen lassen und servieren.

Quiche mit Lachs und Blattspinat

Sandra Schmalkoke *aus Braunschweig*

Für 4 Personen
Vorbereitungszeit: 45 Minuten
Backzeit: 35 Minuten

200 g bofrost*Lachsfilet
5 Platten bofrost*Blätterteig
Mehl für die Arbeitsfläche
250 g bofrost*Blattspinat
Salz
1 EL Butter
100 g bofrost*Luxuskrabben (Grönlandgarnelen)
schwarzer Pfeffer aus der Mühle
Knoblauchpulver
200 g Schmand
200 g Sahne
2 Eier
1 EL bofrost*Kräuterprofi „Kräutermischung"
1 Eigelb zum Bestreichen

Die gefrorenen Lachsfilets auf einen Porzellanteller legen, mit Klarsichtfolie abdecken und am besten über Nacht im Kühlschrank auftauen lassen. Am nächsten Tag kalt abwaschen, mit Küchenkrepp trockentupfen und in ca. 2 cm breite Streifen schneiden.

Den Blätterteig auf einer leicht bemehlten Arbeitsfläche auftauen lassen; 4 Platten zu einem Quadrat auslegen, die einzelnen Segmente der 5. Platte an einer Seite anfügen. Den Teig zu einer großen Platte ausrollen. Aus dieser 2 Kreisplatten ausschneiden: Eine Platte sollte ca. 32 cm Ø haben, die andere Platte ca. 28 cm Ø – sie wird als Deckel verwendet. Eine Quicheform mit der größeren Teigplatte auslegen, dabei einen Rand von ca. 4 cm hoch ziehen.

Den gefrorenen Blattspinat 4 Minuten in kochendes Salzwasser geben, in ein Sieb abgießen und abtropfen lassen.

Die Butter in einer Pfanne erhitzen und die Lachsfiletstreifen darin 5 Minuten anbraten.

Die Lachsfiletstreifen und die gefrorenen Luxuskrabben mit dem Blattspinat vorsichtig vermischen und mit Salz, Pfeffer und Knoblauchpulver würzen.

Schmand, Sahne und Eier mit einem Schneebesen verquirlen und mit Salz, Pfeffer, Knoblauchpulver und der gefrorenen Kräutermischung würzen.

Die Spinat-Fisch-Masse auf dem Blätterteig verteilen und mit der Eier-Sahne-Masse übergießen. Die 2. Blätterteigplatte darüber legen, an den Rändern einschlagen und mit dem verquirlten Eigelb bestreichen.

Die Quiche im vorgeheizten Backofen bei 200 °C ca. 35 Minuten backen. Herausnehmen und gleich servieren.

Tipp: Dieses Gericht kann heiß oder kalt gegessen werden.

Gratinierter Spargel

Karin Bröder *aus Neuwied*

Für 6 Personen
Vorbereitungszeit: 1 Stunde
Backzeit: 20 Minuten

1,2 kg mehlig kochende Kartoffeln
Salz
1,2 kg bofrost*Weißer Stangenspargel
400 g bofrost*Broccoli-Röschen
250 ml Milch
50 g Kräuterbutter
schwarzer Pfeffer aus der Mühle
1 Msp. Muskat
100 g Crème fraîche
1 Ei
Fett für die Form
75 g geriebener Gouda
frischer Kerbel

Die Kartoffeln waschen, schälen und in kochendem Salzwasser 20 Minuten garen. Herausnehmen und durch eine Kartoffelpresse drücken.

Gleichzeitig den gefrorenen Stangenspargel in kochendem Salzwasser 15 Minuten garen; herausheben und abtropfen lassen. Anschließend die gefrorenen Broccoli-Röschen 5 Minuten in das kochende Spargelwasser geben; in ein Sieb abgießen und abtropfen lassen

Milch und Kräuterbutter in einen Topf geben, erhitzen und in die Kartoffelmasse einrühren; kräftig mit Salz, Pfeffer und Muskat abschmecken. Dann die Broccoli-Röschen vorsichtig untermischen.

Crème fraîche und Ei mit einem Schneebesen glatt rühren und mit Salz und Pfeffer würzen.

Eine Auflaufform von ca. 20 x 30 cm einfetten und die Kartoffel-Broccoli-Masse darin verstreichen. Die Spargelstangen darauf legen, mit der Crème-fraîche-Ei-Mischung übergießen und dem Gouda bestreuen.

Den Auflauf im vorgeheizten Backofen bei 200 °C ca. 20 Minuten backen. Herausnehmen und mit frischem Kerbel bestreut servieren.

Spargelgratin mit Hähnchenfilet

Ingrid Zorn *aus Niefern-Öschelbronn*

Für 4 Personen
Vorbereitungszeit: 40 Minuten
Backzeit: 15 Minuten

4 bofrost*Hähnchen-Brustfilets, naturbelassen
750 g bofrost*Weißer Stangenspargel
Salz
1 Prise Zucker
2 EL Öl
weißer Pfeffer
25 g Butter
25 g Mehl
100 g Sahne
100 g geriebener Gouda
Fett für die Form

Die gefrorenen Hähnchen-Brustfilets auf einen Porzellanteller legen, mit Klarsichtfolie abdecken und am besten über Nacht im Kühlschrank auftauen lassen. Am nächsten Tag kalt abwaschen und mit Küchenkrepp trockentupfen.

Den Stangenspargel in einem Sieb antauen lassen, in Stücke schneiden und in 500 ml kochendem Salz-Zucker-Wasser 10 Minuten garen. Herausnehmen, in ein Sieb abgießen und abtropfen lassen, dabei das Kochwasser auffangen.

Das Öl in einer Pfanne erhitzen und die Hähnchen-Brustfilets darin auf jeder Seite 5 Minuten leicht braten, mit Salz und Pfeffer würzen, herausnehmen und in ca. 1 cm dicke Scheiben aufschneiden.

Die Butter in einem kleinen Topf schmelzen lassen, das Mehl darin leicht anbräunen und mit der Sahne und 250 ml des Spargel-Kochwassers ablöschen. Unter Rühren aufkochen und mit Salz und Pfeffer würzen. Die Hitze reduzieren und 3/4 des Goudas unterrühren.

Eine Auflaufform von ca. 17 x 25 cm einfetten, die Hähnchenscheiben und die Spargelstücke hineinlegen und mit der Käse-Sahne-Soße begießen. Den restlichen Gouda darüber streuen und das Gratin im vorgeheizten Backofen bei 200 °C ca. 15 Minuten überbacken.

*Tipp: Als Beilage empfehle ich bofrost*Bratkartoffeln, mit Petersilie garniert.*

Großmutters Wirsingauflauf mit Hackfleisch und Kartoffeln

Inge Espelmann *aus Mülheim a. d. Ruhr*

Für 4 Personen
Vorbereitungszeit: 40 Minuten
Backzeit: 30 Minuten

600 g bofrost*Rahmwirsing
600 g fest kochende Kartoffeln
Salz
1 Zwiebel
Fett für die Form
1/2 TL Zucker
1 EL Olivenöl
600 g gemischtes Hackfleisch
1 EL Tomatenmark
2 Msp. Sambal Oelek
schwarzer Pfeffer aus der Mühle
2 EL Paniermehl
150 g geriebener Käse (z. B. Gouda)

Den Rahmwirsing in eine Schüssel geben, abdecken und am besten über Nacht im Kühlschrank auftauen lassen.

Die Kartoffeln waschen, in kochendem Salzwasser garen, abgießen, pellen, etwas abkühlen lassen und in Scheiben schneiden.

Die Zwiebel abziehen und fein würfeln.

Eine Auflaufform von ca. 20 x 30 cm einfetten und die Hälfte der Kartoffelscheiben einschichten.

Den Zucker in der beschichteten Pfanne karamellisieren lassen, dann das Olivenöl zugeben und das Hackfleisch und die Zwiebelwürfel darin hell anbraten. Mit Salz, Tomatenmark und Sambal Oelek würzen. Die Hackfleischmischung über den Kartoffelscheiben verteilen.

Den Rahmwirsing nach Geschmack mit Salz und Pfeffer nachwürzen und auf dem Hackfleisch verteilen. Mit den restlichen Kartoffelscheiben bedecken und dem Paniermehl bestreuen.

Den Auflauf im vorgeheizten Backofen bei 200 °C ca. 30 Minuten backen. Nach 20 Minuten Backzeit den Käse darüber streuen und gratinieren.

Deftiger Rosenkohlauflauf

Sabine Aselmeier *aus Bad Salzdetfurth*

Für 4 Personen
Vorbereitungszeit: 15 Minuten
Backzeit: 10 Minuten

600 g bofrost*Rosenkohl-Röschen
Salz
250 g gekochter Schinken
250 g geriebener Gouda
200 g Crème fraîche
Fett für die Form
30 g gehobelte Haselnüsse

Die gefrorenen Rosenkohl-Röschen 7 Minuten in reichlich kochendem Salzwasser vorgaren; in ein Sieb abgießen und abtropfen lassen.

Inzwischen den Schinken in Streifen schneiden. Den Gouda mit der Crème fraîche verrühren. Eine Auflaufform von ca. 20 x 30 cm einfetten.

Die Rosenkohl-Röschen in der Auflaufform verteilen, mit dem Schinken belegen, der Käse-Crème-fraîche-Mischung übergießen und den Haselnüssen bestreuen.

Den Auflauf im vorgeheizten Backofen bei 250 °C ca. 10 Minuten überbacken. Herausnehmen, kurz ruhen lassen und servieren.

Tessiner Käsekuchen

Melanie Weber *aus Rüsselsheim-Bauschheim*

Für 2 Personen
Vor- und Zubereitungszeit: 55 Minuten

2 Platten bofrost*Blätterteig (350 g)
Mehl für die Arbeitsfläche
Fett für die Form
150 g gekochter Schinken
100 g bofrost*Zwiebelwürfel
150 g bofrost*Champignons in Scheiben
150 g geriebener Käse (z. B. Gouda)
2 Eigelbe
100 g Sahne
Salz, schwarzer Pfeffer aus der Mühle
2 EL bofrost*Kräuterprofi „Schnittlauch"

Die Blätterteigplatten auf einer leicht bemehlten Arbeitsfläche auftauen lassen, zu einer großen Platte ausrollen und in eine gefettete Auflaufform von ca. 20 x 30 cm einlegen.

Den Schinken in ca. 1 cm große Würfel schneiden. Zusammen mit den gefrorenen Zwiebelwürfeln und Champignons auf dem Teig verteilen und gleichmäßig mit dem Käse bestreuen. Den Auflauf im vorgeheizten Backofen bei 240 °C ca. 20 Minuten backen lassen.

Inzwischen die Eigelbe und Sahne mit einem Schneebesen verquirlen und kräftig mit Salz und Pfeffer würzen. Nach Ende der Backzeit die Masse über den Auflauf gießen und weitere 10 Minuten backen.

Den gefrorenen Schnittlauch darüber streuen, den Auflauf kurz ruhen lassen und dann gleich servieren.

Zwiebelkuchen

Gisela Jankowski *aus Dessau*

Für ca. 16 Stücke
Vorbereitungszeit: 25 Minuten
Backzeit: 45 Minuten

1 Pck. Pizzateig (500 g)
Öl für das Blech
1 EL Schweineschmalz
150 g Bacon-Würfel
1 Pck. bofrost*Zwiebelwürfel (1000 g)
Salz, schwarzer Pfeffer aus der Mühle
1 TL Kümmel
2 Eier
200 g Sahne

Den Pizzateig dünn auf einem leicht geölten Blech ausziehen.

Das Schweineschmalz in einer Pfanne erhitzen und die Bacon-Würfel darin in ca. 2 Minuten kross anbraten. Die gefrorenen Zwiebelwürfel zugeben und in weiteren 5 Minuten glasig dünsten. Mit Salz, Pfeffer und Kümmel kräftig würzen und die Pfanne vom Herd nehmen.

Eier und Sahne mit einem Schneebesen verquirlen und über die Zwiebel-Schinken-Masse gießen. Alles gut miteinander vermischen und die Masse auf dem Teigboden verteilen.

Den Zwiebelkuchen im vorgeheizten Backofen bei 175 °C ca. 45 Minuten backen. Herausnehmen, aufschneiden und sofort servieren.

Die besten Rezepte unserer Kunden

Desserts

Schnelle Apfeltaschen

Annemarie Wittmann *aus Rödental*

Für 4 Personen (8 Stück)
Vorbereitungszeit: 25 Minuten
Backzeit: 15 Minuten

2 Platten bofrost*Blätterteig
Mehl für die Arbeitsfläche
1 großer Apfel
30 g Zucker
1 Msp. Zimt
20 g Rosinen
1 Ei

Außerdem:
bofrost*Dauer-Backfolie

Die Blätterteigplatten auf einer leicht bemehlten Arbeitsfläche auftauen lassen. In die vorgestanzten 8 Quadrate teilen und diese etwas ausrollen.

Inzwischen den Apfel schälen, halbieren, das Kerngehäuse entfernen und die Fruchthälften würfeln. Die Apfelwürfel mit Zucker, Zimt und Rosinen vermischen.

Auf die Blätterteig-Quadrate jeweils 2 Teelöffel Apfelmischung geben.

Das Ei trennen. Das Eiweiß mit einer Gabel verquirlen und die Blätterteig-Ränder damit bestreichen. Die Quadrate über Eck zu Dreiecken zusammenklappen und an den Rändern gut zusammendrücken.

Die Apfeltaschen auf ein mit Backfolie ausgelegtes Backblech legen, mit Eigelb bestreichen und im vorgeheizten Backofen bei 180 °C ca. 15 Minuten backen. Herausnehmen, etwas abkühlen lassen und servieren.

Fruchtige Blätterteigtaschen

Peggy Schüler *aus Stumsdorf*

Für 6 Personen (12 Stück)
Vorbereitungszeit: 35 Minuten
Backzeit: 15–20 Minuten

3 Platten bofrost*Blätterteig
Mehl für die Arbeitsfläche
1 Pck. Vanille-Puddingpulver (Backfest)
500 ml Milch
2 EL Zucker
2 Eier
500 g bofrost*Feine Obstmischung

Außerdem:
bofrost*Dauer-Backfolie

Die Blätterteigplatten auf einer leicht bemehlten Arbeitsfläche auftauen lassen. Die vorgestanzten Quadrate ausschneiden und die 12 Quadrate etwas ausrollen.

Das Puddingpulver mit 3 Esslöffeln Milch und dem Zucker glatt anrühren. Die restliche Milch aufkochen lassen, das Pudding-Gemisch einrühren und den Topf vom Herd nehmen. Den Vanillepudding kalt stellen.

Die Eier trennen. Eiweiß und Eigelbe getrennt voneinander mit einer Gabel leicht verquirlen.

In die Mitte jedes Blätterteig-Quadrates 1 bis 2 Esslöffel Pudding geben; darauf die gefrorene Obstmischung setzen. Die vier Ecken mit Eiweiß bestreichen, über der Füllung zusammenführen und zu einer kleine Spitze drehen, damit sie geschlossen bleiben.

Alle Taschen auf ein mit Backfolie ausgelegtes Backblech legen, mit Eigelb bestreichen und im vorgeheizten Backofen bei 180 °C in 15 bis 20 Minuten goldbraun backen. Warm servieren.

Bayerische Creme

Silke Stonnelberg *aus Rehden*

Für 4 Personen
Vorbereitungszeit: 45 Minuten
Kühlzeit: 2 Stunden

2 Eier
200 g Puderzucker
250 ml Milch
2 Pck. Vanillezucker
4 Blatt weiße Gelatine
250 g Sahne
300 g bofrost*Himbeeren

Die Eier trennen. Das Eiweiß beiseite stellen. Die Eigelbe mit 50 Gramm Puderzucker, Milch und Vanillezucker in eine Metallschüssel geben, über ein heißes Wasserbad stellen und die Masse mit einem Schneebesen warm und cremig aufschlagen.

In der Zwischenzeit die Gelatine 5 Minuten in wenig kaltem Wasser einweichen; dann ausdrücken und in der warmen Creme unter Rühren auflösen.

Die Schüssel vom Wasserbad nehmen, die Crememasse weiterschlagen, bis sie kalt ist.

Eiweiß und Sahne getrennt voneinander steif schlagen. Erst die Sahne, dann das Eiweiß unter die halbfeste Creme heben. Die Creme in Förmchen oder Kaffeetassen füllen. 2 Stunden – oder am besten über Nacht – abgedeckt kalt stellen.

Die Himbeeren in einem Sieb auftauen lassen, mit dem restlichen Puderzucker mischen und durch ein Sieb streichen.

Die Förmchen kurz in heißes Wasser tauchen, auf einen Teller stürzen und die Himbeersoße angießen.

Tipp: Sehr lecker und zudem ein farblicher Akzent: einige Schokospäne darüber streuen.

Dickmilch-Fruchtdessert

Sabine Schmidt *aus Bad Kreuznach*

Für 4 Personen
Vorbereitungszeit: 25 Minuten
Kühlzeit: 1 Stunde

250 ml Kirsch- oder Johannisbeer-Nektar
1 Pck. Vanillesoße ohne Kochen (für 500 ml Milch)
300 g bofrost*Feine Obstmischung
200 g Sahne
1 Pck. Sahnesteif
500 g Dickmilch (3,5 % Fett)
1 Msp. echte Bourbon-Vanille
30 g Zucker

Den Nektar mit der Vanillesoße glatt verrühren und über die gefrorene Feine Obstmischung gießen.

Die Sahne steif schlagen, dabei das Sahnesteif einrieseln lassen.

Dickmilch, Bourbon-Vanille und Zucker verrühren, dann die Sahne unterheben.

Die Dickmilch-Sahne und die Obstgrütze im Wechsel in hohe Gläser schichten. Bis zum Servieren ca. 1 Stunde kalt stellen.

*Tipp: Eine leckere Variante ist die Kombination von Multivitamin-Nektar und bofrost*Exotischer Fruchtsalat.*

English Trifle

Christine Hübner *aus Wolfenbüttel*

Für 8 Personen
Vorbereitungszeit: 45 Minuten
Kühlzeit: 2 Stunden

- 2 Pck. Vanille-Puddingpulver
- 2 EL Zucker
- 1 l Milch
- 6 EL Himbeermarmelade
- 200 g Löffelbiskuits
- 6 EL trockener Sherry
- 100 g gehackte Haselnüsse
- 300 g bofrost*Exotischer Fruchtsalat
- 300 g bofrost*Himbeeren
- 200 g Sahne
- 3–4 EL Puderzucker
- Schokoraspel

Den Vanillepudding nach Packungsanweisung mit dem Zucker und der Milch kochen. Abkühlen lassen. Die Himbeermarmelade erwärmen.

Das Trifle in eine Auflaufform von ca. 20 x 30 cm folgendermaßen einschichten: Die Hälfte der Löffelbiskuits mit 3 Esslöffeln Sherry beträufeln, mit der Hälfte der erwärmten Marmelade bestreichen und mit 50 Gramm Haselnüssen bestreuen. Darüber die Hälfte des Vanillepuddings verstreichen und 150 Gramm gefrorenen Exotischen Fruchtsalat darauf verteilen. Darüber 150 Gramm gefrorene Himbeeren geben. Diesen Schichtvorgang mit den restlichen Zutaten wiederholen.

Die Sahne mit dem Puderzucker steif schlagen und auf dem Trifle verstreichen. Mit der Raspelschokolade bestreuen und für ca. 2 Stunden abgedeckt in den Kühlschrank stellen.

Früchtetraum

Inge Schneider-Appuhn *aus Jülich*

Für 8–10 Personen
Vorbereitungszeit: 30 Minuten
Kühlzeit: 2 Stunden

- 750 g bofrost*Feine Obstmischung
- 200 g Doppelrahm-Frischkäse
- 500 g Magerquark
- 80 g Zucker + 4 EL Zucker
- 1 Pck. Vanillezucker
- 200–250 g Sahne
- 100 g gehobelte Mandeln

Die Obstmischung in ein Sieb geben, abdecken und am besten über Nacht im Kühlschrank auftauen lassen.

Inzwischen Frischkäse, Quark, 80 Gramm Zucker und Vanillezucker in einer Schüssel glatt miteinander verrühren.

Die Sahne steif schlagen und unter die Frischkäsemasse heben.

Die restlichen 4 Esslöffel Zucker in einer Pfanne schmelzen, die Mandeln dazu geben und leicht anbräunen.

Die gut abgetropfte Obstmischung in einer Auflaufform von ca. 22 x 33 cm verteilen und darauf die Frischkäse-Sahne-Masse verstreichen. Mit den warmen karamellisierten Mandeln bestreuen und im Kühlschrank ca. 2 Stunden abgedeckt durchziehen lassen.

Kokosmousse mit Obstsalat

Susanne Bustorf-Bell *aus Vechelde*

Für 8 Personen
Vorbereitungszeit: 1 Stunde
Kühlzeit: 6 Stunden

350 g Sahne
3 Blatt Gelatine
3 Eiweiß
175 g Zucker
200 ml Kokosmilch
3 EL Kokoslikör
100 ml Wasser
Saft und abgeriebene Schale von 1 unbehandelten Limette
700 g Ananas (1 kleine Ananas)
1 Pkg. bofrost*Exotischer Fruchtsalat (1000 g)
2 EL Kokosraspel

Die Sahne steif schlagen und kalt stellen.

Die Gelatine 5 Minuten in wenig kaltem Wasser einweichen; dann ausdrücken, mit dem Eiweiß und 50 Gramm Zucker in eine Metallschüssel geben und über einem heißen Wasserbad mit einem Handrührgerät schlagen, bis sich die Gelatine aufgelöst hat.

Die Schüssel vom Wasserbad nehmen und die Eiweiß-Gelatine-Masse mit dem Handrührgerät bei höchster Stufe steif schlagen.

Kokosmilch und -likör unter die Eiweiß-Gelatine-Masse heben. Dann die Sahne unterziehen, die Masse in eine Schüssel oder eine Gugelhupfform füllen und mit Klarsichtfolie abdecken. Für ca. 6 Stunden – oder am besten über Nacht – kalt stellen.

Den restlichen Zucker und das Wasser in einem kleinen Topf aufkochen und 3 Minuten kochen lassen. Vom Herd nehmen und Limettensaft und -schale unterrühren.

Die Ananas schälen, vierteln, den Strunk entfernen und das Fruchtfleisch in ca. 2 cm große Stücke schneiden. Zusammen mit dem gefrorenen Exotischen Fruchtsalat in einer Schüssel vermengen und mit dem heißen Limettensirup begießen. 30 Minuten ziehen lassen.

Die Kokosraspel in einer beschichteten Pfanne ohne Fettzugabe hellbraun rösten.

Die Schüssel kurz in heißes Wasser tauchen, die Kokosmousse auf eine Platte stürzen, mit den Kokosraspeln bestreuen und das Obst außen herum verteilen.

Heidelbeerspeise Philadelphia

Sigrid Hahn *aus Wuppertal*

Für 6 Personen
Vorbereitungszeit: 30 Minuten
Kühlzeit: 4 Stunden

1 Pck. Doppelrahm-Frischkäse (200 g)
1 Prise Salz
100 g Zucker
250 g Sahne
1 Pck. Vanillezucker
500 g bofrost*Heidelbeeren
2 EL Mandelblättchen

Frischkäse, Salz und Zucker zu einer glatten Creme verrühren. Die Sahne mit dem Vanillezucker steif schlagen und unter die Creme heben.

Von den gefrorenen Heidelbeeren zum Dekorieren einige zur Seite legen.

Die Käsemasse und die gefrorenen Heidelbeeren lagenweise in eine Schüssel füllen. Mit einer Käseschicht abschließen und mit den übrigen Beeren dekorieren. Mit Klarsichtfolie abdecken und für ca. 4 Stunden im Kühlschrank kalt stellen.

Kurz vor dem Servieren die Mandeln in einer beschichteten Pfanne ohne Fettzugabe anrösten und über die Heidelbeerspeise streuen.

Heidelbeerparfait

Dorothee Herbst *aus Nettetal*

Für 8 Personen
Vorbereitungszeit: 40 Minuten
Kühlzeit: 12 Stunden

500 g bofrost*Heidelbeeren
150 g Puderzucker
2 Eier
2 Eigelbe
200 g Sahne
1–2 TL Zitronensaft
3 TL flüssiger Honig

350 Gramm Heidelbeeren in eine Schüssel geben, abdecken und am besten über Nacht im Kühlschrank auftauen lassen. Dann mit einem Stabmixer pürieren, dabei den Puderzucker einrieseln lassen.

Inzwischen die Eier und Eigelbe in eine Metallschüssel geben und mit einem Handrührgerät über einem heißen Wasserbad dickschaumig aufschlagen. Die Schüssel über ein kaltes Wasserbad stellen und die Eier weiterschlagen, bis die Eimasse abgekühlt ist.

Das Heidelbeerpüree unter die Eimasse rühren. Die Sahne steif schlagen und unterheben.

Die Parfait-Masse in eine kleine Terrinenform oder Glasschüssel füllen und über Nacht im Tiefkühlfach gefrieren lassen. 1 bis 2 Stunden vor dem Servieren in den Kühlschrank stellen.

Inzwischen die restlichen Heidelbeeren abgedeckt im Kühlschrank antauen lassen. Dann mit einem Stabmixer pürieren und mit Zitronensaft und Honig abschmecken.

Das Parfait in Scheiben aufschneiden und auf dem Heidelbeerpüree anrichten.

Himbeertorte

Gertrud Weigel *aus Gelsenkirchen*

Für 12 Stücke
Vorbereitungszeit: 1 Stunde 10 Minuten
Backzeit: 15 Minuten
Kühlzeit: 6 Stunden

Biskuitboden:
2 Eier
1 EL kaltes Wasser
1 Prise Salz
75 g Zucker
1 Pck. Vanillezucker
80 g Mehl
1 TL Backpulver
Fett für die Form
50 g Paniermehl

Belag:
200 g Frischkäse
1 EL Zitronensaft
85 g Puderzucker
300 g Sahne
2 Pck. Sahnesteif
500 g bofrost*Himbeeren
2 Pck. roter Tortenguss
250 ml Himbeersirup
250 ml Wasser

Die Eier trennen. Das Eiweiß mit Wasser und Salz steif aufschlagen, dabei langsam die beiden Zuckersorten einrieseln lassen und zu einer dicken Baisermasse schlagen.

Eigelbe, Mehl und Backpulver vorsichtig unterziehen. Die Masse sollte noch schön luftig, aber von gleichmäßiger Konsistenz sein.

Eine Springform von 26 cm Ø einfetten, mit dem Paniermehl ausstreuen und die Biskuitmasse glatt darin verstreichen.

Den Tortenboden im vorgeheizten Backofen bei 180 °C ca. 15 Minuten backen lassen. Herausnehmen und in der Form abkühlen lassen.

Inzwischen den Frischkäse mit Zitronensaft und Puderzucker cremig rühren. Die Sahne samt Sahnesteif steif schlagen und unter die Käsecreme heben.

Die Masse gleichmäßig auf dem Tortenboden verstreichen und mit den gefrorenen Himbeeren belegen.

Den Tortenguss mit Himbeersirup und Wasser glatt anrühren und dann alles miteinander aufkochen, bis die Flüssigkeit anfängt einzudicken.

Die Himbeeren damit begießen und die Torte für ca. 6 Stunden abgedeckt kalt stellen.

Himbeertraum

Jutta Stammel *aus Iserlohn*

Für 8–10 Personen
Vorbereitungszeit: 20 Minuten
Kühlzeit: 6 Stunden

- 1 Pck. bofrost*Himbeeren (1000 g)
- 400 g Sahne
- 500 g Magerquark
- 400 g Schmand
- 60 g brauner Zucker

Die Himbeeren in ein Sieb geben, abdecken und am besten über Nacht im Kühlschrank auftauen lassen. Die Sahne steif schlagen.

Magerquark und Schmand glatt verrühren, dann die Sahne unterziehen.

Die Himbeeren in eine flache Auflaufform von ca. 20 x 30 cm verteilen, die Quark-Sahne-Masse darüber streichen und großzügig mit dem Zucker bestreuen.

Für ca. 6 Stunden kalt stellen.

Tipp: Wer es besonders saftig mag, gibt die Himbeeren gefroren in die Auflaufform, bestreicht sie mit der Creme und lässt sie im Kühlschrank in ca. 8 Stunden auftauen.

Lebkuchenpudding mit Beerenfrüchten

Andrea Horn *aus Leichlingen*

Für 4 Personen
Vorbereitungszeit: 20 Minuten
Kühlzeit: 3 Stunden

1 Vanilleschote
1 l Milch
90 g Zucker
50 g Speisestärke
1 EL Wasser
2 Eier
1 TL Lebkuchengewürz
1/2 Pck. bofrost*Feine Obstmischung (500 g)
2 EL Zucker

Die Vanilleschote der Länge nach aufschlitzen und das Mark mit einem Löffel herausschaben.

Die Milch aufkochen, sofort die Hitze reduzieren und den Zucker und das Vanillemark einrühren.

Die Speisestärke im kalten Wasser auflösen und in die heiße Milch einrühren. Kurz aufkochen lassen und dann den Topf vom Herd nehmen.

Die Eier trennen. Die Eigelbe mit einem Schneebesen glatt in die Milch einrühren, das Lebkuchengewürz dazugeben, die Masse in eine Schüssel gießen und erkalten lassen. Mit Klarsichtfolie abdecken und für ca. 3 Stunden in den Kühlschrank stellen.

Inzwischen die Obstmischung in einer Schüssel abgedeckt auftauen lassen und mit dem Zucker süßen. Dann die Obstmischung auf dem erkalteten Pudding anrichten oder einfach dazureichen.

Mohnmousse mit Obstmischung

Günther Jahnke *aus Schleswig*

Für 4 Personen
Vorbereitungszeit: 50 Minuten
Kühlzeit: 3 Stunden

125 g Sahne
3 Blatt weiße Gelatine
1 Ei
1 Eigelb
20 g Honig
4 EL Zucker
1 EL Zitronensaft
70 g Sahnequark
2 EL Mohnback (Fertigprodukt)
400 g bofrost*Feine Obstmischung
100 ml roter Portwein
1 1/2 TL Vanille-Puddingpulver
1 EL Wasser

Die Sahne steif schlagen und kalt stellen. Die Gelatine in wenig kaltem Wasser 5 Minuten einweichen.

Ei, Eigelb, Honig und 2 Esslöffel Zucker cremig schlagen und vorsichtig den Zitronensaft unterrühren.

Die Gelatine ausdrücken, in einem Topf mit etwas Quark erwärmen und unter Rühren auflösen – nicht kochen!

Den Gelatine-Quark und den Mohnback in den restlichen Quark einrühren. Die Eimasse und dann die Sahne vorsichtig unterheben. Die Masse in Förmchen füllen und ca. 3 Stunden – oder am besten über Nacht – abgedeckt kalt stellen.

Den Portwein in einem Topf aufkochen. Das Puddingpulver mit dem Wasser und dem restlichen Zucker glatt anrühren und den Portwein damit abbinden, heiß über die gefrorene Obstmischung geben. Vorsichtig unterheben.

Die Mousse auf Teller stürzen und mit der Obstmischung servieren.

Panna cotta mit Himbeermark

Brigitte Harzheim *aus Mainz*

Für 4 Personen
Vorbereitungszeit: 30 Minuten
Kühlzeit: 12 Stunden

Panna cotta:
1 Vanilleschote
500 g Sahne
75 g Zucker
5 Blatt weiße Gelatine

Himbeermark:
300 g bofrost*Himbeeren
80 g Puderzucker
4 Blättchen Zitronenmelisse

Die Vanilleschote der Länge nach aufschlitzen und das Mark mit einem Löffel herausschaben.

Die Sahne mit dem Vanillemark, der Vanilleschote und dem Zucker aufkochen und bei geringer Hitze 15 Minuten ziehen lassen. Dann den Topf vom Herd nehmen und die Vanilleschote herausnehmen.

Die Gelatine in wenig kaltem Wasser einweichen und dann ausdrücken. Ein wenig von der Vanille-Sahne in einen kleinen Topf füllen, erwärmen und die Gelatine darin auflösen. Anschließend in die Vanille-Sahne-Masse einrühren. In vier kleine Puddingformen oder Tassen füllen und über Nacht abgedeckt kalt stellen.

Die Himbeeren in einer Schüssel abgedeckt auftauen lassen. Einige Himbeeren zum Garnieren beiseite legen.

Die restlichen Beeren mit dem Puderzucker vermischen und durch ein feines Sieb streichen.

Die Panna cotta auf Teller stürzen und mit dem Himbeermark umgießen. Mit den restlichen Himbeeren und der Zitronenmelisse garnieren.

Tipp: Wer möchte, kann die Panna cotta mit dem Himbeermark auch in Gläsern servieren (siehe Foto).

Obst-Vanille-Gratin

Margret Due *aus Melle*

Für 4–6 Personen
Vorbereitungszeit: 30 Minuten
Backzeit: 25 Minuten

100 g Löffelbiskuits
1 Pck. Mandel-Puddingpulver
2–3 EL Zucker
500 ml Milch
100 ml Eierlikör
600 g bofrost*Feine Obstmischung
50 g Mandelblättchen
1 EL Puderzucker

Die Löffelbiskuits grob zerbröseln. Den Pudding nach Packungsanweisung in der gezuckerten Milch kochen.

Eine Auflaufform von ca. 18 x 26 cm mit den zerkleinerten Biskuits ausstreuen, den Eierlikör darüber gießen und die gefrorene Obstmischung darauf verteilen.

Den heißen Pudding über die Masse gießen, mit den Mandelblättchen bestreuen und mit Puderzucker bestäuben.

Das Gratin im vorgeheizten Backofen bei 200 °C in ca. 25 Minuten goldgelb backen.

Obstsalat mit Baiser-Haube und Vanilleeis

Christiane Du Maire *aus Neuss*

Für 4 Personen
Vorbereitungszeit: 30 Minuten
Backzeit: 10 Minuten

1 Apfel
1 Birne
1 Banane
1 Orange
150 g bofrost*Exotischer Fruchtsalat
Saft von 1/2 Zitrone
2 EL Zucker

Baiser-Haube:
3 Eiweiß
90 g Zucker

Außerdem:
4 Kugeln bofrost*Crème-Vanille-Bourbon-Eiskrem

Die Früchte schälen, wo erforderlich das Kerngehäuse entfernen, das Fruchtfleisch klein würfeln.

Für die Baiser-Haube das Eiweiß sehr steif schlagen und dabei den Zucker löffelweise einrieseln lassen.

Die frischen Früchte und den gefrorenen Exotischen Fruchtsalat in eine Auflaufform von ca. 17 x 22 cm füllen, mit Zitronensaft beträufeln und mit dem Zucker bestreuen.

Die Baisermasse darauf verteilen und im vorgeheizten Backofen bei 200 °C in 8 bis 10 Minuten goldgelb backen. Evtl. noch für 1 bis 2 Minuten unter den Grill stellen.

Herausnehmen, etwas abkühlen lassen und lauwarm mit jeweils 1 Kugel Crème-Vanille-Bourbon-Eiskrem auf Tellern anrichten.

Alabama-Creme

Wolfgang Wolthaus *aus Dorsten*

Für 4 Portionen
Vorbereitungszeit: 20 Minuten
Kühlzeit: 2 Stunden

75 g Block-Schokolade
200 g Sahne
250 g Magerquark
3 EL Zucker
1 Pck. Vanillezucker
Saft von 1/2 Zitrone
50 g geriebene Haselnüsse
250 g bofrost*Feine Obstmischung

Die Schokolade raspeln. Die Sahne steif schlagen.

In einer Rührschüssel Quark, Zucker, Vanillezucker, Zitronensaft, Haselnüsse und Schokolade mit dem Handrührgerät verrühren.

Dann die Sahne und die gefrorene Obstmischung unterheben. Die Creme in Schälchen füllen und ca. 2 Stunden im Kühlschrank ziehen lassen.

Tipp: Wer möchte, kann auch zuerst die gefrorene Obstmischung in Gläser füllen, darauf die Creme verteilen und mit den Schokoraspeln bestreuen (siehe Foto).

Rote Grütze

Daniela Stengel *aus Bamberg*

Für 8 Personen
Vorbereitungszeit: 15 Minuten
Kühlzeit: 1 Stunde

1 Pck. bofrost*Feine Obstmischung (1000 g)
325 ml roter Beerensaft (Johannisbeer- oder Sauerkirschsaft)
3 EL Zucker
1 Zimtstange
30 g Speisestärke
250 g bofrost*Erdbeeren

Die Obstmischung in einem Sieb antauen lassen.

200 ml Beerensaft mit 2 Esslöffeln Zucker und der Zimtstange in einen großen Topf geben und aufkochen lassen.

Die Speisestärke mit dem übrigen Saft glatt anrühren und ebenfalls in den Topf geben. Unter Rühren aufkochen lassen, bis die Flüssigkeit anfängt einzudicken.

Die Obstmischung in eine Schüssel geben und mit der heißen Flüssigkeit übergießen.

Jetzt die gefrorenen Erdbeeren untermischen und mit dem restlichen Zucker abschmecken. Die Rote Grütze etwas abkühlen lassen. Die Zimtstange herausnehmen und die Rote Grütze für ca. 1 Stunde abgedeckt im Kühlschrank durchkühlen lassen.

*Tipp: Dazu passt bofrost*Crème-Vanille-Bourbon-Eiskrem.*

Sahneflan auf Erdbeersoße

Elke Schmitz *aus Waldkraiburg*

Für 4 Personen
Vorbereitungszeit: 35 Minuten
Kühlzeit: 4 Stunden

600 g Sahne
2 Pck. Vanillezucker
6 Blatt weiße Gelatine
500 g bofrost*Erdbeeren
100 g Puderzucker
1 EL Himbeergeist
einige Minzeblätter

Die Sahne und den Vanillezucker in einen Topf geben und aufkochen lassen. 10 Minuten bei geringer Hitze köcheln lassen und dann den Topf vom Herd nehmen.

Inzwischen die Gelatine in wenig kaltem Wasser 5 Minuten einweichen; dann ausdrücken und in der warmen Sahne auflösen – nicht mehr kochen!

Förmchen oder Kaffeetassen kalt ausspülen, die Sahnemasse einfüllen und im Kühlschrank in ca. 4 Stunden – oder am besten über Nacht – abgedeckt fest werden lassen.

Währenddessen die Erdbeeren in einer Schüssel abgedeckt auftauen lassen. Erdbeeren, Puderzucker und Himbeergeist mit einem Stabmixer pürieren.

Den Sahneflan auf Dessertteller stürzen, mit dem Erdbeerpüree umgießen und mit frischen Minzeblättchen garnieren.

Sauerrahmdessert

Ute Stelter *aus Odenthal*

Für 6 Personen
Vorbereitungszeit: 25 Minuten
Kühlzeit: 3 Stunden

200 g Sahne
50 g Zucker
200 g saure Sahne
200 g Crème fraîche
1 EL Zitronensaft
100 g Cantuccini
(italienisches Mandelgebäck)
400 g bofrost*Feine Obstmischung

Die Sahne mit dem Zucker steif schlagen. Saure Sahne, Crème fraîche und Zitronensaft nach und nach unterrühren. Die Cantuccini grob zerkleinern.

In eine Glasschüssel zuerst 1/3 der gefrorenen Obstmischung geben, darauf 1/3 der Cantuccini-Brösel verteilen und darüber 1/3 Sahnemasse verstreichen. Diesen Vorgang 2-mal wiederholen. Zum Schluss mit einigen Cantuccini-Bröseln bestreuen.

Das Sauerrahmdessert ca. 3 Stunden abgedeckt im Kühlschrank durchziehen lassen.

Sie sind noch kein bofrost*Kunde
und möchten unseren Service gerne in Anspruch nehmen?

Rufen Sie einfach unsere kostenlose Hotline an:
0800 - 263 76 78

Gern beantworten wir Ihre Fragen und vermitteln Ihnen einen Ansprechpartner in Ihrer Nähe.

Herzlich willkommen bei bofrost*!

Bei Liefer- und Terminwünschen
hilft Ihnen die örtliche Kundenbetreuung verlässlich weiter. Die Telefonnummer finden Sie auf der Rückseite Ihres bofrost* Frische-Kataloges.

Persönlich für Sie da:
Ihr(e) bofrost*Verkaufsfahrer(in):
Freundlicher Service, individuelle Beratung und eine pünktliche Lieferung.

Freuen Sie sich drauf!

www.bofrost.de

Die Adresse für „Frische und Genuss“ im Internet. Hier finden Sie nicht nur Wissenswertes rund um bofrost*Tiefkühlkost, auch steht Ihnen unser Online-Shop rund um die Uhr zur Verfügung.

A

B

C

D

E

F

G

H

Rezepteregister

Rezepteregister nach bofrost*Produkten

Ciabatta

Eierspätzle

Entenbrustfilet

Erbsen

Erdbeeren

Fleischklößchen

Garnelen in Kräutersoße

Gemüse-Mischungen

Hähnchen-Brustfilets

Hähnchen-Schenkel

Rezepteregister nach bofrost*Produkten

Rezepteregister nach bofrost*Produkten

Impressum

2003 Sonnenreith Verlag

Idee, Konzeption und Umsetzung:
CPA! Communications- und Projektagentur GmbH, Wiesbaden

Herausgeber:
bofrost*Dienstleistungs GmbH & Co. KG

Copyright:
bofrost*Dienstleistungs GmbH & Co. KG

Alle Rezeptfotos:
Peter Schulte, Hamburg

Fotografie:
Peter Schulte, Hamburg
Johannes Grau, Hamburg
Christian Schuster, Neuss (Titelfoto, Food-Abbildung)

Redaktion:
bofrost*–Birgit Oeser

Gestaltung, Layout und Satz:
DEPART, Wiesbaden

Reproduktion:
Lorenz & Zeller, Inning a. A.

Druck & Bindung:
Hofmann Druck Nürnberg GmbH & Co. KG

ISBN 3-00-012256-7

Würfel schneiden
Topf abdecken und
Nun Gemüse -
Etwa 10 Minuten
mit Ingwer und Rosmarin
in eine Terrine einfüllen, mit
bestreuen und den Deckel
essen.
TK- Zuckerschoten
TK- Brokkoli
Parmesan
Salzwasser al dente kochen.
In Eiswasser abkühlen,
lassen sich meistens